ДЕНЬ ЮРИЯ

графический роман

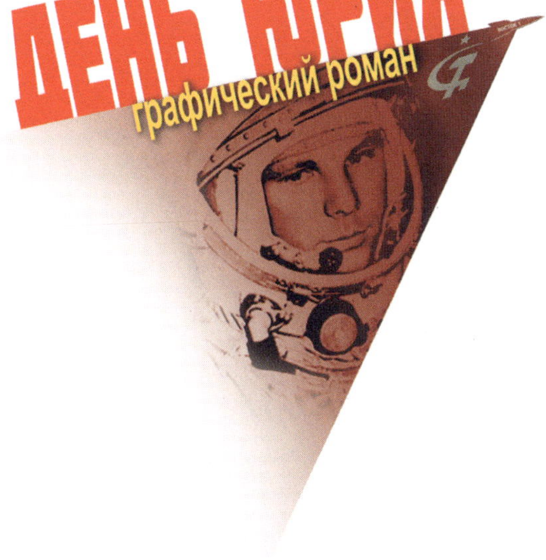

ДЕНЬ ЮРИЯ

графический роман

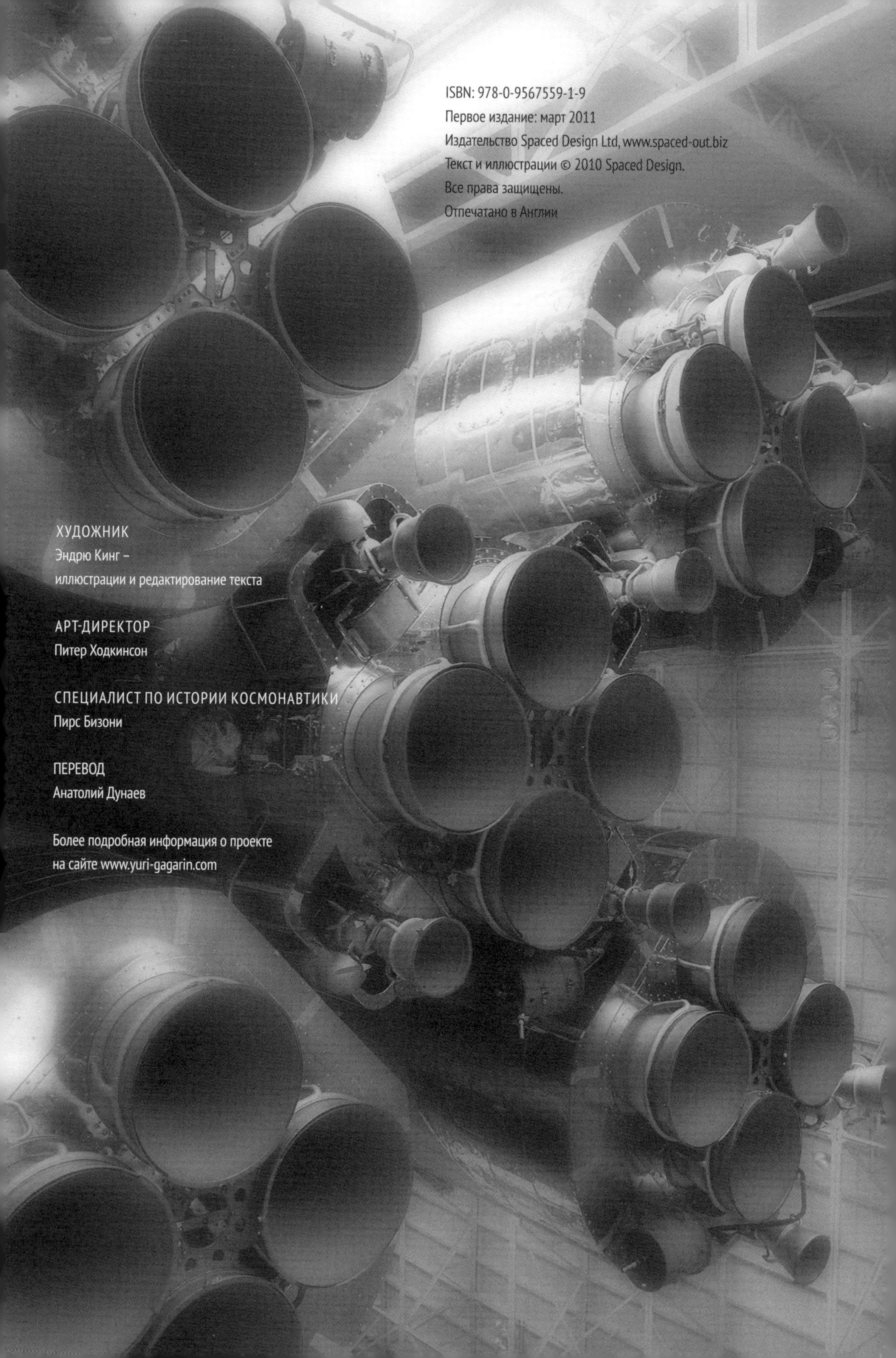

ISBN: 978-0-9567559-1-9
Первое издание: март 2011
Издательство Spaced Design Ltd, www.spaced-out.biz

Отпечатано в Англии

ХУДОЖНИК
Эндрю Кинг –
иллюстрации и редактирование текста

АРТ-ДИРЕКТОР
Питер Ходкинсон

СПЕЦИАЛИСТ ПО ИСТОРИИ КОСМОНАВТИКИ
Пирс Бизони

ПЕРЕВОД
Анатолий Дунаев

Более подробная информация о проекте
на сайте www.yuri-gagarin.com

ДЕНЬ ЮРИЯ

ГРАФИЧЕСКИЙ РОМАН

ДОРОГА К ЗВЁЗДАМ

Эндрю Кинг
Питер Ходкинсон
Пирс Бизони

ВСЁ В ЭТОЙ КНИГЕ – ПРАВДА...
ПРЕДИСЛОВИЕ от Эндрю Кинга

В первом издании «Дня Юрия» мы написали: «Всё в этой книге – правда». Это смелое утверждение и не особо популярное в наше время. Историки прекрасно понимают, что никто не располагает всей правдой о чём-либо и что каждый рассказывает о событиях прошлого со своей точки зрения.

Почему же тогда мы пошли на такое безрассудство?

Потому что мы решили подчеркнуть, что «**День Юрия**» – это не попытка переписать историю в голливудском стиле. Голые факты о программе «Восток» настолько захватывают дух, что нет никакой необходимости их приукрашивать. Также хотелось заострить внимание на том, что, перед тем как приступить к созданию этого графического романа, нами были проведены тщательные исследования и изучены все доступные свидетельства очевидцев.

Сбор материалов, на которых основывается «**День Юрия**» начался как раз тогда, когда пал Железный занавес и иностранцы впервые получили возможность свободно передвигаться по территории бывшего Советского Союза. Исследователям удалось опросить непосредственных участников и очевидцев событий, изучить официальные документы и отчёты, а также личные дневники того времени. Среди опрошенных были выжившие члены первого отряда космонавтов, конструкторы ракеты «Восток» и семья Гагарина.

На основе этих материалов был снят документальный фильм для телекомпании BBC под названием «Starman». В дополнение к фильму вышла книга «Starman, the Truth Behind the Legend of Yuri Gagarin» («Звёздный человек: правда о Юрии Гагарине»), написанная Джеми Дораном в соавторстве с Пирсом Бизони. Эти же материалы легли в основу графического романа «**День Юрия**». Кроме того, использовались сведения из авторитетных интернет-источников, созданных за последнее время энтузиастами и специалистами в области космонавтики.

Поэтому в этом издании мы сочли необходимым дополнить вступительное заявление следующей формулировкой: «Все события, описанные в этой книге, основаны на реальных фактах и свидетельствах очевидцев». Потому что именно так и есть. В книгу не вошло ни одного события, которое не было бы точно подтверждено. Большая часть диалогов основана на записях очевидцев, а в тех единичных случаях, когда нельзя было найти никаких документальных подтверждений, мы подбирали реплики так, чтобы они отражали мнение и взгляды персонажа.

Несмотря на проведённые масштабные исследования, было совсем непросто рассказать «правдивую» историю. Сами события оказались чрезвычайно сложными, в них было вовлечено огромное количество людей. В то же время из-за ограничений формата графического романа авторам, к сожалению, пришлось опустить многие интересные факты, чтобы сосредоточиться на ключевых фигурах и событиях.

В процессе редактирования текста были отобраны лишь те события, которые помогли бы лучше понять поступки главных героев и показать те невероятные трудности, которые им пришлось преодолеть. Например, Советскому Союзу, в отличие от Америки, во Второй мировой войне пришлось сражаться на своей территории. Поэтому «**День Юрия**» начинается с описания ужасов фашистского вторжения, которое оказало значительное влияние на судьбы героев.

Кроме того, описывая события, которые происходили в чужой стране и культуре, историк должен абстрагироваться от привычных стереотипов и старых предрассудков. Ведь во время холодной войны как Запад, так и Восток смотрели друга на друга сквозь искажённую призму секретности, дезинформации и пропаганды.

Цель этого произведения заключается в том, чтобы не бездумно повторять пропагандистские лозунги одной из сторон, а привлечь внимание к советским достижениям, которые до сих пор не получили должной оценки на Западе. Чтобы ни один из стереотипов случайно не прокрался в повествование, я просто рассказывал о тех фактах, которые мне удалось узнать, без каких-либо комментариев с моей стороны. Я старался показать СССР не как какое-то загадочное и странное место, а как страну, в которой люди действовали в соответствии со своими убеждениями.

К сожалению, наследие холодной войны ощущается до сих пор. На Западе и сейчас бытует мнение, что советские технологии были грубыми, а советские люди – поголовно жестокими. Из-за этого на Востоке полагают, что их до сих пор окружают враги и критики, что их великие научные достижения так и не получили должного признания и что застарелые политические стереотипы не дают Западу признать нормальность повседневной жизни в России.

Все эти проблемы имеют, конечно же, политическую подоплёку. И хотя политический пейзаж за последние несколько десятков лет кардинально изменился, такие фундаментальные вопросы, как свободная экономика против государственного регулирования и свобода личности против коллективизма, никуда не исчезли. Одна из сторон потерпела поражение в холодной войне, но значит ли это, что другая сторона победила? Текущие кризисы свободных экономик, рост уровня бедности во всём мире, очевидные социальные протесты граждан так называемых развитых стран наводят на мысль, что холодная война была лишь коротким эпизодом в более глобальном кризисе, выход из которого ещё только предстоит найти.

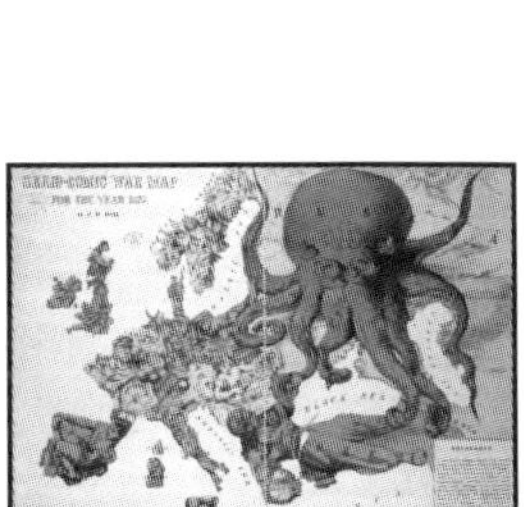

На Западе бытовало два полярных мнения: одни рассматривали СССР как диктаторский режим в чём-то похожий на нацистскую Германию, для других Союз стал масштабным экспериментом по строительству светлого будущего. Для многих бывших советских граждан СССР был просто Родиной, страной, где они выросли и работали, которой они отдали лучшие годы своей жизни. Им больно видеть, как её критикуют все кому не лень и особенно те, кого ещё недавно они считали врагами.

Изучая исторические материалы, которые легли в основу «**Дня Юрия**», у меня начался сформировываться образ Советского Союза, который отличался от устоявшихся стереотипов, навязанных пропагандой. Казалось, я читаю о мире, в котором два образа жизни сошлись в смертельной схватке. С одной стороны, утопический образ динамического и созидательного коммунистического общества, где каждый мог реализовать свои возможности. С другой стороны, тёмный образ партийной власти, которая подавляла все неугодные мысли, слова и поступки.

У меня сложилось впечатление, что два этих несовместимых мира пытались занять одно и то же пространство и время, при этом ни один из них не был способен победить конкурента и ни один из них не смог бы выжить без другого. Некоторые, например Юрий Гагарин, жили в лучах солнечного света, другие ничего не видели в своей жизни кроме тьмы. Были и такие люди, как Сергей Королёв, главный идеолог советской космической программы, которые в разное время своей жизни столкнулись с обоими мирами.

В графическом романе «**День Юрия**» показана частичка истории Советского Союза, где несмотря на тяжелые времена были созданы технологии, которые позволили открыть космическую эру и отправить человека в космос. Все, кто участвовал в этом грандиозном достижении, жили заветной мечтой, что однажды человечество откроет «дорогу к звёздам».

Американцы всё ещё говорят о моменте запуска Спутника-1 в 1957 года, когда они вдруг осознали, что у них есть сильный соперник в покорении космоса. Для СССР это был момент, когда казалось, что ещё чуть-чуть и желанное будущее будет достигнуто. Ещё один шаг к этому будущему был сделан в апреле 1961 года, когда межконтинентальная ракета, наводящая ужас на Запад, отправилась в открытый космос, неся на своём борту не ядерный заряд, а человека с ослепительной улыбкой.

Полёт Гагарина стал неожиданным мгновением лета в тёмной зиме холодной войны, прекрасным напоминанием, что у человечества есть более глобальные цели, чем борьба между Западом и Востоком, капитализмом и коммунизмом. Сегодня в одном из зданий на космодроме Байконур можно увидеть огромный портрет Сергей Королёва, под которым выведено его знаменитое «Дорога к звёздам открыта».

Эндрю Кинг

«Подготовить текст и иллюстрации для удивительной истории о первом человеке в космосе оказалось увлекательным делом... и большой честью». В свободное от создания графического романа время Эндрю преподаёт историю и теорию дизайна для студентов, изучающих архитектуру и дизайн.

ПЕРВЫЙ КОСМОНАВТ И ГЛАВНЫЙ КОНСТРУКТОР

ВВЕДЕНИЕ от Пирса Бизони

Юрий Алексеевич Гагарин родился 9 марта 1934 года в деревне Клушино, в 160 километрах к западу от Москвы. Его отец, Алексей Иванович, и мать, Анна Тимофеевна, работали в колхозе: он был плотником, а она дояркой. Когда родился Юрий, его брату, Валентину, было уже десять лет, а его сестре, Зое, – семь. Младший брат, Борис, появился на свет в 1936 году. И хотя время в стране тогда было сложным, семья Гагариных не испытывала особых трудностей и лишений.

Тот факт, что Гагарин является выходцем из крестьян, больше похож на пропагандистский миф. Отец Анны Тимофеевны до революции 1917 года работал инженером в Санкт-Петербурге. Сама Анна была образованным и начитанным человеком, а Алексей – высококвалифицированным рабочим. Именно у отца Юрий перенял столярное мастерство и любовь к технике. Однако размеренная жизнь Гагариных закончилась летом 1941 года, когда гитлеровская Германия вторглась в Россию.

Под Клушино шли ожесточённые бои, и Юрий вместе с братьями стал свидетелем ужасающих событий. Фашисты оккупировали деревню, и местным жителям пришлось ютиться в землянках, так как в их домах расположились немецкие солдаты. Многие проказы Юрия и его друзей в то время могли стоить им жизни. Однажды они нашли немецкий склад, где хранились и заряжались аккумуляторы для танков, и залили их грязью. Пришедшие в ярость фашисты начали охоту на саботажников. Так получилось, что они наткнулись на маленького Бориса и в наказание повесили его на дереве. К счастью, Анна Тимофеевна успела снять его и спасти жизнь сыну.

В 1943 году Валентина и Зою угнали в трудовые лагеря. И хотя им удалось сбежать и выжить, Юрий не увидит их до окончания войны. В мае 1945 года семья Гагариных переехала в Гжатск, где Юрий пошёл в школу. Одно событие во время войны навсегда врезалось ему в память: пролетевший над головой самолёт, который сел на поле неподалёку. В школе он восхищался одним из своих учителей, Львом Беспавловым, который во время войны служил пулемётчиком в военно-воздушных силах.

В 1950 году Юрий поступил в Люберецкое ремесленное училище в Москве, а через год перешёл в индустриальный техникум в Саратове. Выходные он проводил в Саратовском аэроклубе. Первый полёт на стареньком биплане навсегда изменил его жизнь. В конце 1955 года Юрий совершал первые самостоятельные полёты на современном самолёте Як-18; позднее его рекомендовали к зачислению в Чкаловское военно-авиационное училище в городе Оренбург. В Оренбурге от новых МиГов Юрия могла оторвать только Валентина Горячева, красивая скромная девушка с карими глазами.

Главный конструктор

Запуск первого искусственного спутника Земли стал большой неожиданностью для всех жителей планеты. Имя человека, ответственного за этот триумф, никогда не произносилось вслух. В сводках советских новостей он всегда фигурировал только как «главный конструктор». Сергей Павлович Королёв родился в 1907 году на Украине, получил образование в Киеве и Москве, после чего начал работать в качестве авиаконструктора. Сначала он рассматривал ракеты только как источник энергии для самолётов, но к концу 1930-х годов пришёл к выводу, что они могут быть полноценными летательными аппаратами.

Советское военное командование проявляло повышенный интерес к ракетам. В 1933 году по инициативе маршала Михаила Тухачевского была организована Газодинамическая лаборатория, которая расположилась за могучими стенами Петропавловской крепости в Ленинграде. Ещё одним учреждением, занимавшимся вопросами ракетостроения, стал Реактивный научно-исследовательский институт в Москве. Наиболее перспективным конструктором того времени был Валентин Глушко, который работал над камерами сгорания и турбонасосными системами для ракетных двигателей; в то время как Королёв думал, как соединить двигатели с топливными баками, вспомогательным оборудованием и полезной нагрузкой, чтобы ракеты смогли доставлять бомбы, производить измерения в атмосфере и, возможно, однажды начать исследование космоса.

Маршал Тухачевский был заинтересован в новом и эффективном оружии для Красной Армии. К сожалению, Сталин почувствовал угрозу со стороны образованных офицеров и в 1937 году начал масштабную чистку командного состава. Тухачевского взяли под стражу, 11 июня его признали виновным в шпионаже, измене Родине и расстреляли в тот же день. Все конструкторы и инженеры, работавшие под его началом, тоже попали под подозрение; через год большинство из них оказалось в тюрьмах.

За Королёвым пришли 27 июня 1938 года. Его допрашивали, пытали и в итоге приговорили к десяти годам в исправительно-трудовых лагерях на золотых приисках Колымы, что было практически равнозначно смертному приговору. Скорее всего, на него донёс Глушко, который таким образом сам избежал ГУЛАГа. Подробности неизвестны, но с уверенностью можно сказать о том, что на протяжении всей совместной работы над величайшими достижениями СССР в ракетостроении эти два человека питали друг к другу жгучую ненависть.

Жестокое милосердие

К счастью для Королёва, авиаконструктор Андрей Туполев, который тоже был политзаключенным, возглавлял в Москве «шарашку», где репрессированные инженеры и конструкторы могли работать над новыми проектами в довольно сносных условиях. По просьбе Туполева Королёву разрешили присоединиться к команде разработчиков. Показательным примером советской снисходительности был тот факт, что Королёва освободили после пяти месяцев пребывания в лагере и приказали прибыть в Москву, при этом не предоставив ему никакого транспорта. Возвращаться пришлось, полагаясь только на самого себя: пешком, на попутках, на кораблe. До Москвы он добирался многие недели, и это путешествие чуть не стоило ему жизни.

В 1945 году Королёва направили в побеждённую Германию, чтобы собрать остатки материалов по печально известной ракете «Фау-2» Вернера фон Брауна, которую американцы к тому времени уже переправили к себе. Затем на протяжении 1950-х с невероятной энергией и решимостью Королёв разрабатывал ряд всё более совершенных баллистических ракет, продолжая сотрудничать с Глушко, который проектировал двигатели для этих ракет.

Величайшим творением Королёва стала ракета Р-7 или «семёрка», как её ласково называли конструкторы и космонавты, – первая в мире межконтинентальная баллистическая ракета. Её первая ступень состояла из четырёх отделяемых боковых блоков, симметрично расположенных вокруг центрального блока. В качестве топлива использовался жидкий кислород и керосин. Разработанные Глушко компактные турбонасосные системы и насосы подачи горючего одновременно обслуживали четыре камеры сгорания. Тяга двадцати отдельных сопел была распределена между пятью двигательными установками.

Первые запуски Р-7 были неудачными, но 21 августа 1957 года ракета успешно выполнила намеченный план полёта (имитация ядерного удара), а 4 октября того же года с помощью Р-7 был выведен на орбиту первый искусственный спутник Земли. 3 ноября состоялся запуск Спутника-2, на борту которого была собака Лайка – первое живое млекопитающее в космосе. Теперь можно было легко догадаться о последующих планах Королёва. Он сообщил руководству, что сможет запустить спутники-шпионы для наблюдения за Западом, но сначала отправит в космос человека с прекрасным зрением, который сможет детально рассмотреть и описать то, с чем камерам придётся иметь дело. Королёву поверили – так родилась программа «Восток».

Первый космонавт

7 ноября 1957 года Гагарин окончил Оренбургское военное авиационное училище и получил звание лейтенанта, после чего его распределили в авиационный полк в посёлке Луостари, расположенный за Северным полярным кругом. Здесь он оттачивал навыки полётов на МиГ-15 в условиях полярной ночи. К непривычным условиям и низким температурам пришлось привыкать и его жене, Вале. Полётные условия были просто ужасны. Примерно через месяц погиб лучший друг Юрия.

В октябре 1957 Юрий и Валя были заняты планированием совместного будущего, поэтому не обратили особого внимания на новости о запуске первого искусственного спутника. В апреле 1959 года в семье Гагариных родилась дочь Лена. Через полгода на базу неожиданно прибыли загадочные люди, которые отбирали пилотов по всей стране для какого-то особого задания. Они никого не посвящали в детали, но Юрий рад представившейся возможности и согласился на перевод в Москву, где будет проходить подготовка к полётам на неизвестном летательном аппарате. Валя поддержала мужа и согласилась, что это лучше, чем оставаться в Луостари. Она и представить не могла, что их ждёт впереди.

Как оказалось, Юрия отобрали в первый отряд космонавтов. Подготовка проходила в новом комплексе под названием Звёздный городок недалеко от Москвы. К концу 1960 года Гагарин был одним из двух наиболее вероятных кандидатов на полёт в космос. Вторым кандидатом стал Герман Титов, но в Кремле предпочли Гагарина из-за его «крестьянских» корней, в то время как Титов происходил из среднего класса. 12 апреля 1961 года Юрий Гагарин вошёл в историю.

Первый космический корабль

Корабль «Восток» состоял из сферического спускаемого аппарата и приборного отсека с системой жизнеобеспечения, аккумуляторами, радиаторами и тормозной двигательной установкой. Носителем для корабля стала разработанная Королёвым ракета Р-7. За два часа до старта Юрий поднялся на верхний уровень стартовой площадки Байконура и через люк залез в спускаемый аппарат «Востока». Затем инженеры закрепили люк пироболтами. Если во время старта что-то пойдёт не так, этот люк отстрелится за доли секунды и Гагарин катапультируется из аппарата.

Старт ракеты произошёл в 9:06 по московскому времени. Гагарин произнёс знаменитое «Поехали!». Девять минут спустя он уже был на орбите. «Начинается невесомость. Чувство невесомости интересно. Самочувствие хорошее. Полёт проходит успешно. Все приборы, все системы работают хорошо. Вижу Землю, видимость хорошая. Наблюдаю облака над землёй, мелкие, кучевые. И тени от них. Красиво, красота.»

Совершив один виток вокруг Земли, «Восток» начал спуск. Сработали пироболты, и спускаемый аппарат отделился от приборного отсека. От варианта с приводнением в океан отказались, так как поблизости могли оказаться американские корабли. Аппарат должен был приземлиться на территории СССР. Но удар об землю был бы настолько жёстким, что Гагарин мог пострадать, поэтому ему пришлось катапультироваться из спускаемого аппарата на приемлемой высоте и продолжить спуск уже на отдельном парашюте. Советские власти намеренно избегали подробностей о спуске в своих заявлениях прессе.

Тряска

В большинстве официальных сообщениях спуск Гагарина описывался как плавный, но в своём отчёте он описывал некоторые проблемы. «В точно заданное время включилась тормозная двигательная установка. Вращение спускаемого аппарата прекратилось.» Провода, которые соединяли приборный отсек и спускаемый аппарат, не разомкнулись. Несколько минут два этих модуля неслись к земле как пара ботинок, связанных шнурками. В секретном докладе Гагарин говорил: «Корабль начал вращаться с большой скоростью. Я ждал разделения, но его всё не было...»

Через несколько минут провода перегорели из-за нагрева в атмосфере, но в результате спускаемый аппарат получил дополнительное вращение. Гагарин чуть не потерял сознание, но аппарат стабилизировался, когда раскрылся его парашют. Юрий успешно катапультировался и приземлился в районе села Смеловка Саратовской области, совсем недалеко от того места, где совершил свой первый полёт на самолёте. Очутившись на твёрдой земле, он увидел женщину с маленькой девочкой, которые с любопытством смотрели на него. Юрий был в оранжевом космическом скафандре, и они испугались его. «Свой я, свой! Не бойтесь!» – крикнул он, снимая гермошлем. «Вы из космоса прилетели?» – спросила женщина. «Да, точно!» – ответил Юрий.

После этого Гагарин много ездил по миру – партийное руководство использовало его в качестве демонстрации советских достижений. Валя была очень озабочена этими поездками, особенно если на них её мужу приходилось пить и встречаться с другими женщинами. Юрий жаждал снова вернуться в небо, но был слишком ценен, и им предпочитали не рисковать. И только в 1964 году, когда на смену Хрущёву пришёл Леонид Брежнев, Гагарин вернулся в Звёздный городок.

Тёмные дни

В январе 1966 года Гагарин вместе с космонавтом Алексеем Леоновым были приглашены к Королёву на его день рождения. Несмотря на свою суровость главный конструктор всегда любил своих «орёликов», но в тот день он выглядел уставшим и больным. Королёв рассказал им о своей жизни, об аресте, ужасах ГУЛАГа. После этой встречи Гагарин был в глубоком недоумении. Он не понимал, как такого уникального человека, как Сергей Павлович, могли подвергнуть репрессиям. Леонов тоже не мог ответить на вопрос, почему всё сложилось именно так. Через два дня Королёв умер от сердечной недостаточности во время операции по удалению опухоли.

Гагарин возглавил группу конструкторов, занимавшуюся проблемами нового космического корабля «Союз», который был разработан ещё Королёвым и которым теперь занимались менее опытные специалисты. В корабле было обнаружено множество конструкционных дефектов, но КГБ сделало всё возможное, чтобы в Кремле об этом ничего не узнали, ведь Брежнев ожидал, что свой первый полёт «Союз» совершит первого мая 1967 года, в день международной солидарности трудящихся. Ни у кого не хватило смелости разочаровать его.

Первый пилотируемый запуск «Союза» состоялся 23 апреля, на борту корабля находился космонавт Владимир Комаров. Неполадки начались сразу после выхода корабля на орбиту, а при посадке, на заключительном этапе приземления, произошёл отказ парашютной системы, возможно, в результате бесконтрольного вращения спускаемого аппарата. Комаров погиб мгновенно, когда спускаемый аппарат, как метеорит, ударился об землю.

Катастрофа

Гагарин всё ещё жаждал вернуться в космос, поэтому решил освежить свои навыки пилотирования. 27 марта 1968 года он взлетел с подмосковного аэродрома Чкаловский на двухместном самолёте МиГ-15 вместе с инструктором Владимиром Серёгиным. Во время полёта погодные условия и видимость резко ухудшились; самолёт разбился в лесу, примерно в 100 км к северо-востоку от Москвы. Оба пилота погибли. Алексей Леонов потратил многие месяцы, пытаясь восстановить картину произошедшей трагедии. По-видимому, наземные службы аэропорта по невнимательности разрешили другому истребителю пролететь в непосредственной близости от самолёта Гагарина. Возможно, воздушный поток от этого истребителя послужил причиной, по которой МиГ-15 потерял управление.

Гагарин умер молодым, но память о нём будет жить вечно. Несмотря на свою ошеломляющую популярность и знаменитость, он остался простым обаятельным человеком с доброй улыбкой, который был верен друзьям, любил свою жену и семью. И он всегда будет первым человеком в космосе. Королёв так и не смог осуществить главную мечту – отправить одного из своих «орёликов» на Луну, но его надёжная и проверенная «семёрка» была взята за основу при создании ракет «Союз», которые доставляют современные российские корабли к Международной космической станции. НАСА собирается сворачивать программу полётов шаттлов, поэтому ракета Королёва остаётся единственной возможностью для человечества попасть в космос.

Скрытые катастрофы

Глушко был не единственным конкурентом Королёва. Михаил Янгель разрабатывал в конструкторском бюро «Южное» на Украине ракету Р-16. Владимир Челомей, четвёртая по значимости фигура в советском ракетостроении, сконструировал ракету «Протон», которая до сих пор используется для доставки грузов на орбиту. Именно ракета Янгеля привела к крупнейшей катастрофе в советской космонавтике.

24 октября 1960 года во время выполнения предстартовых работ для первого пуска ракеты Р-16 произошёл несанкционированный запуск двигателей второй ступени, из-за чего воспламенились топливные баки первой ступени. Последовал взрыв гигантской силы, который унёс жизни всех, кто в тот момент находился на башне обслуживания; на наземный персонал обрушились волны горящего топлива. В общей сложности погибло около ста человек, среди них и маршал Митрофан Неделин.

Отряд космонавтов тоже нёс потери даже ещё до первого полёта «Востока». Валентин Бондаренко входил в первый отряд космонавтов, ему было всего 24 года. Во время одного из тестов в изоляционной барокамере, наполненной чистым кислородом, Бондаренко снял с себя медицинские датчики и протёр раздражённые участки кожи смоченной в спирте ватой. Неосторожно выброшенная вата попала на спираль раскалённой электроплитки, начался пожар. В обогащённой кислородом барокамере огонь распространялся с пугающей быстротой. Когда его достали из камеры, он был ещё жив и повторял, что это его вина. В течение восьми часов врачи боролись за его жизнь, но ожоги оказались слишком серьёзными. Подробности о трагической гибели Бондаренко были рассекречены лишь в 1986 году, а некоторые детали катастрофы первого запуска Р-16 до сих пор остаются неясными.

Проблемы руководства

Со смертью Сергея Королёва в январе 1966 года в советской космической программе начался хаос. В отсутствие сильного лидера начали появляться многочисленные варианты лунной программы. Одни хотели осуществить посадку на Луне, другие считали, что более реалистичным был бы облёт Луны без посадки. Тем временем в 1960-е НАСА руководил Джеймс Вебб, сильная и решительная личность, и он настоял на одном варианте осуществления лунной миссии. Хотя многие специалисты, включая выдающегося конструктора ракеты «Сатурн V» Вернера фон Брауна, предлагали свои варианты, Вебб твёрдо верил в успех корабля «Аполлона», лунный модуль которого походил на огромного паука. Он настоял, чтобы все сотрудники НАСА либо поддержали его идею, либо покинули свои посты.

Даже несмотря на все проблемы советские инженеры могли отправить специально подготовленный корабль «Союз», чтобы осуществить облёт Луны, пусть для этого и пришлось бы максимально загрузить спускаемый аппарат дополнительным топливом и кислородом. В качестве ракеты-носителя мог выступить «Протон», спроектированный Челомеем. Если бы Советский Союз успел осуществить этот полёт до прилунения «Апполона», то мировые СМИ не стали бы обращать большого внимания на разницу между облётом Луны и посадкой на Луне. Таким образом СССР добился бы очередного огромного триумфа. Можно только догадываться, к каким геополитическим последствиям могло бы привести подобное событие.

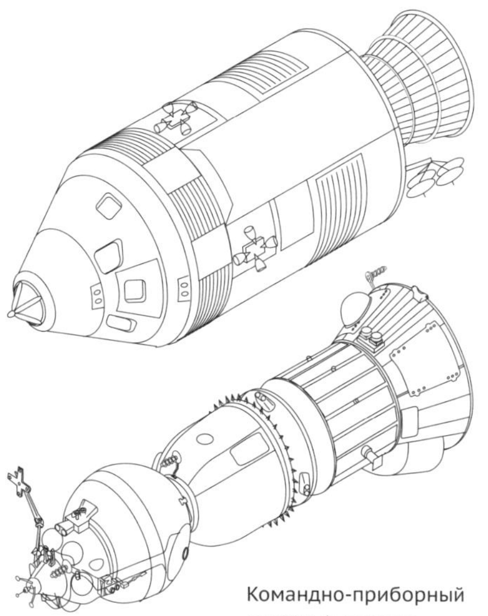

Командно-приборный модуль Апполона (вверху) и L2

В СССР секретность была нормой жизни, поэтому достоянием широкой общественности становилась лишь малая толика новостей об освоении космоса. Так в 1960-х годах была запущена серия межпланетных станций «Зонд». Первые три из них были небольшими аппаратами и предназначались для исследования Марса, Венеры и Луны. Два «Зонда» были потеряны в космосе, а «Зонд-3» успешно передал фотографии обратной стороны Луны. «Зонд-4», созданный на основе корабля «Союз», был намного больше; в марте 1968 года он был выведен на высокоэллиптическую орбиту, но в сторону от Луны, чтобы НАСА не догадалась, что запуск данного аппарата был подготовительным шагом для последующих лунных миссий. При подлёте к Земле «Зонд-4» сбился с траектории и был намерено подорван над Гвинейским заливом.

В сентябре 1968 года «Зонд-5» наконец-то совершил облёт Луны и вернулся на Землю. Аппарат приводнился в Индийском океане и затем был доставлен в СССР. Два месяца спустя НАСА объявила, что за несколько дней до Рождества стартует корабль «Апполон-8», который полетит на Луну, хотя на его борту и не будет посадочного лунного модуля. НАСА отчаянно хотела как можно быстрее отправить человека поближе к Луне. Очередной этап космической гонки достиг своего апогея.

Основной проблемой аппаратов серии «Зонд» оказался спуск на Землю: возвращаясь из дальнего космоса, спускаемый аппарат перед входом в атмосферу должен был погасить свою скорость и только затем заходить на более мягкую посадку. Только таким образом можно было избежать чудовищных перегрузок, которые не пережил бы ни один космонавт. НАСА решила эту проблему, придав командному модулю «Апполона» особую форму.

Обречённый лунный монстр

Имя Королёва навсегда связано с первым искусственным спутником Земли и полётом Юрия Гагарина. Это были первые шаги на пути освоения Луны. Уже в 1959 году были готовы чертежи ракеты-носителя, способного долететь до Луны. В середине 1960-х Кремль требовал от него новых достижений, и Королёву приходилось идти на риск: убирать катапультируемые кресла из спускаемых аппаратов, чтобы в них могли поместиться два или даже три космонавта. Взамен он получил разрешение на строительство ракеты Н-1, которая по габаритам не уступала американскому «Сатурну V».

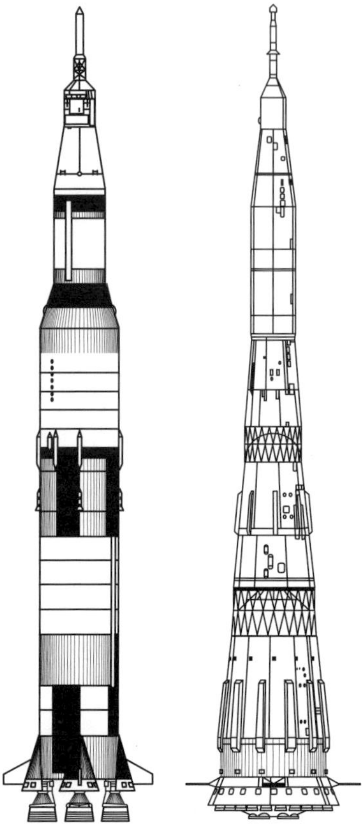

Сатурн V (слева) и Н-1

В основе детища Вернера фон Брауна, ракеты «Сатурн V», лежали пять огромных главных двигателей, которые работали при таких температурах и давлениях, которые были недоступны даже великому Королёву. Его лучший конструктор двигателей и главный противник, Валентин Глушко, отказался принимать участие в разработке Н-1, многоступенчатой ракете, которая несла на борту двухместный корабль на основе «Союза» и небольшой лунный посадочный модуль, рассчитанный на одного космонавта. Для выполнения лунной программы эти два аппарата должны были состыковаться в космосе, поэтому космонавту, который бы отправился на Луну, пришлось бы выходить в открытый космос, чтобы перебраться в лунный посадочный корабль.

Мечтам Королёва о Луне так и не было суждено сбыться: после его смерти в 1966 году у ракеты Н-1 начались одна проблема за другой. Связка из тридцати двигателей в первой ступени отказывалась работать синхронно. Внутри ракеты был лабиринт из не до конца протестированных трубопроводов, насосов и клапанов. Системе управления не всегда удавалась удерживать ракету в вертикальном положении, особенно когда происходил сбой одного из тридцати двигателей. Первый полёт Н-1 в феврале 1969 года оказался самым долгим и длился чуть более минуты, после чего произошёл сбой в работе системы контроля двигателей, и ракету пришлось подорвать. Второй запуск летом того же года привёл к полному разрушению стартовой площадки. Последующие два запуска тоже оказались неудачными, и в 1972 году все работы по ракете-носителю Н-1 были остановлены.

Опасность в контексте

Не только Советский Союз испытывал трудности при запуске космических кораблей. В январе 1967 года первый экипаж «Апполона» погиб ещё до того, как корабль оторвался от земли. Вирджил Гриссом, Эдвард Уайт и Роджер Чаффи погибли в пожаре, который возник на борту корабля во время наземных испытаний. НАСА обвинили в халатности, а программу «Апполон» чуть не свернули.

В 1986 году во время старта взорвался шаттл «Челленджер», а в 2003 году при входе в атмосферу погиб шаттл «Колумбия». В этих двух катастрофах погибли четырнадцать астронавтов. Все полёты в космос были и остаются чрезвычайно опасными, так как неимоверно сложно совладать с химическими и физическими видами энергий, которые используется для преодоления силы тяжести. Почему тогда космонавты по всему миру соперничают друг с другом, чтобы получить шанс отправиться в космос? Возможно, потому что это стоит того.

Соперники становятся союзниками

19 февраля 1986 года был выведен на орбиту первый блок космической станции «Мир». Через три недели на орбитальную станцию отправился её первый экипаж: Леонид Кизим и Анатолий Соловьёв. Проведя два месяца на станции «Мир», они перебрались на корабле «Союз» на старую орбитальную станцию «Салют-7», где провели ещё пятьдесят дней, а затем снова вернулись на «Мир», где пробыли ещё три недели, перед тем как вернуться на Землю. Это было впечатляющим достижением.

На орбите всё кажется тихим и спокойным, как и должно быть в космосе, а вот на Земле всё очень быстро меняется. В 1989 году Советский Союз начал разваливаться на части, а в Америке на смену Рейгану пришёл Билл Клинтон. В июне 1992 новый глава НАСА, Дэниел Голдин, встретился в Вашингтоне с директором Российского космического агентства, Юрием Коптевым. Смогут ли Россия и Америка договориться о сотрудничестве в сфере освоения космоса теперь, когда холодная война осталась позади? Российская космическая программа страдала от недостатка финансирования, будущее орбитальной станции «Мир» выглядело туманным. Но Россия не хотела прекращать исследования в космосе, хотя из-за неразберихи на земле срывались старты пилотируемых кораблей «Союз» и транспортных грузовых кораблей «Прогресс».

В этой ситуации Клинтон решил протянуть руку помощи. НАСА тоже требовалась помощь, и не только финансовая – ей нужен более ценный ресурс: поддержка политиков в вопросе строительства орбитальной станции. Многие конгрессмены в Вашингтоне были возмущены огромным бюджетом на строительство станции и малой отдачей, которую получила бы наука. Решение Америки протянуть руку дружбы старому врагу было обусловлено многими факторами. США хотело защитить российское ракетостроение от экономических потрясений, а также предотвратить попадание российских разработок в нежелательные руки. Кроме того, американские спутниковые компании надеялись получить доступ к широкому ряду различных ракет-носителей, которые можно было бы использовать для коммерческих запусков.

Предложение о строительстве новой орбитальной станции превратилось в орудие американской геополитики. Изначальное рейгановское название станции «Свобода» было отвергнуто, так как Россия уже не являлась соперником США. Проект переименовали в «Альфа», а в конце концов остановились на варианте Международная космическая станция (МКС). Первый компонент МКС, российский функционально-грузовой блок «Заря», был доставлен на орбиту 20 ноября 1998 года ракетой-носителем «Протон», стартовавшей с космодрома Байконур. Через две недели шаттл «Индевор» пристыковал к блоку «Заря» американский модуль. Так рождалась МКС.

Международные элементы

Шестнадцать стран участвуют в этом грандиозном научном проекте, одиннадцать из них входят в Европейское космическое агентство (Бельгия, Великобритания, Германия, Дания, Испания, Италия, Нидерланды, Норвегия, Франция, Швейцария, Швеция). Лабораторный модуль «Коламбус» стал самым большим вкладом Европы в МКС. В Европе также были созданы две фермы, соединяющие разные модули, и прозрачный обзорный купол, откуда можно проводить визуальные наблюдения за Землёй. Кроме того, Европейское космическое агентство (ЕКА) предоставило роботизированные манипуляторы и грузовые контейнеры для грузовых отсеков американских шаттлов.

Теперь, когда шаттлы заканчивают свою программу полётов, часть их функций возьмёт на себя двадцатитонный автоматический грузовой космический корабль (АГК), разработанный ЕКА. Это самый сложный космический корабль, когда-либо создававшийся европейскими странами. Он может доставлять до восьми тонн полезного груза на МКС примерно раз в 15 месяцев. Япония построила для МКС крупнейший лабораторный модуль, к тому же она осуществляет запуски беспилотного грузового корабля к МКС. Канада отвечает за мобильную систему техобслуживания, состоящую из нескольких роботов-манипуляторов. Бразилия также играет важную роль в проводимых на борту научных исследованиях.

Что дальше?

МКС продолжит свою работу ещё в течение нескольких лет; из-за огромной стоимости станции от неё ожидают ощутимых научных результатов. В связи с прекращением полётов шаттлов важную роль в жизни МКС будут играть международные запуски грузовых кораблей. Что касается будущих планов, то тут многое будет зависеть от целей НАСА. На данный момент Америка вкладывает наибольшие финансовые средства в космические программы. Но и она в одиночку мало что может. Ни одна страна не сможет добиться существенных успехов без широкой международной поддержки.

Программа «Аврора» Европейского космического агентства нацелена на изучение Марса и Луны. Предполагается, что она будет осуществляться в сотрудничестве с США и, возможно, Россией и Японией. Роль Китая в этих планах пока не ясна. У неё тесные экономические связи с Америкой, но в то же время Китай старается занять более выгодную геополитическую позицию в мире. Космическая программа Китая отражает эти политические противоречия, поэтому пока Китай не участвует в работе МКС.

Многие страны рассматривают исследования космоса как важный символ прогресса человечества и движения к будущему. Исключением стала Америка, которая, похоже, отвернулась от космоса и не знает, что ей делать с её космическими программами и куда двигаться дальше. Россия наоборот готова продолжать начатое. Ракеты «Союз», сконструированные Королёвым и Глушко, всё ещё летают, разрабатываются новые ракеты, строятся космодромы. Полвека назад Россия была первой в космосе и по-прежнему остаётся в лидерах.

Пирс Бизони

*Пирс пишет статьи по космонавтике и космологии для ряда журналов в Великобритании и США. Он также создал и подготовил к изданию книгу «**Space: 50**», которая была издана при поддержке Смитсоновского институт и издательства «HarperCollins» в честь 50-летия запуска первого искусственного спутника Земли. В соавторстве с кинодокументалистом Джеми Дораном Пирс написал книгу «**Starman**», что послужило вдохновением для создания графического романа «**День Юрия**».*

Все события, описанные в этой книге, основаны на реальных фактах и свидетельствах очевидцев.

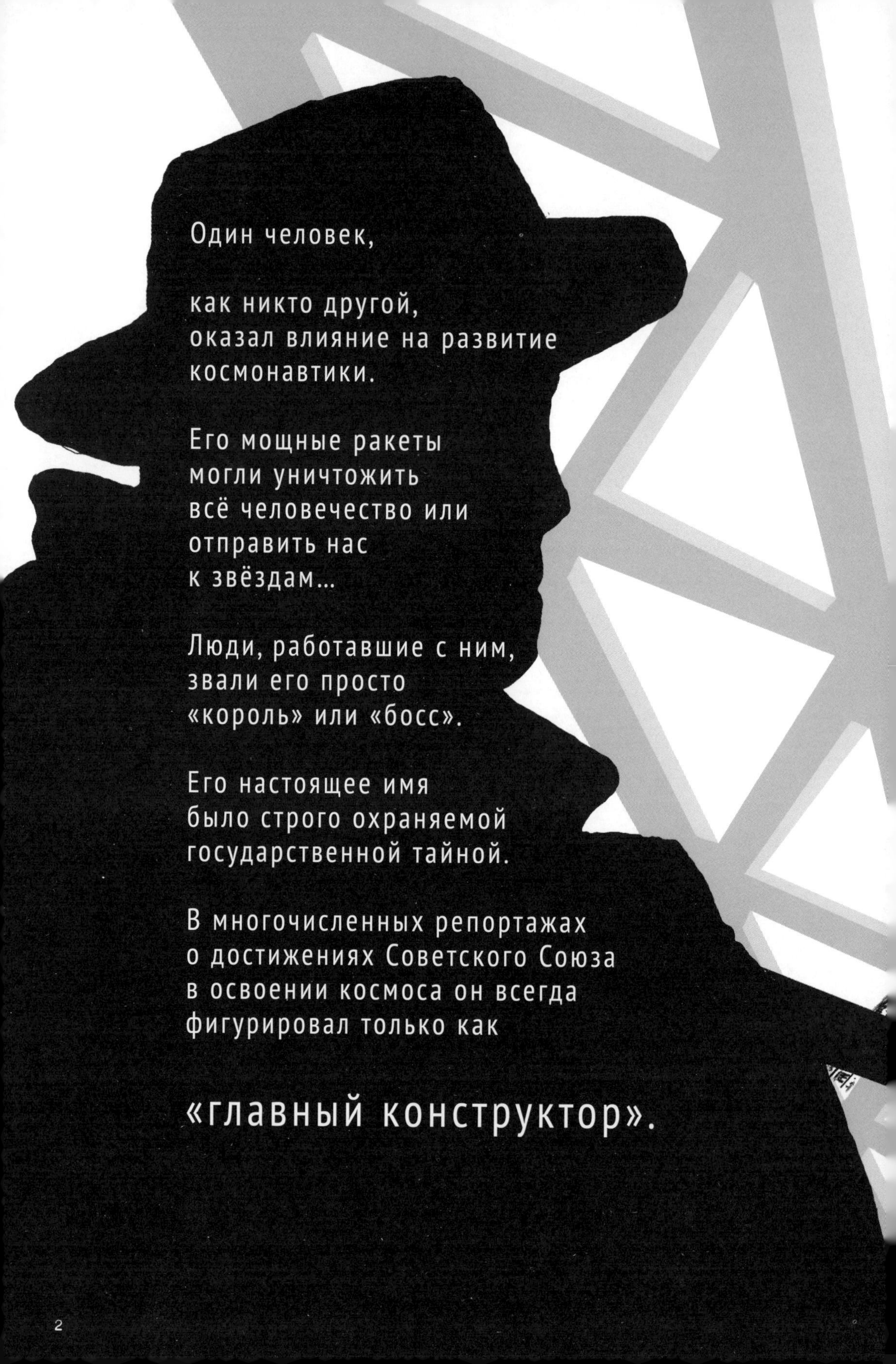

Один человек,

как никто другой,
оказал влияние на развитие
космонавтики.

Его мощные ракеты
могли уничтожить
всё человечество или
отправить нас
к звёздам...

Люди, работавшие с ним,
звали его просто
«король» или «босс».

Его настоящее имя
было строго охраняемой
государственной тайной.

В многочисленных репортажах
о достижениях Советского Союза
в освоении космоса он всегда
фигурировал только как

«главный конструктор».

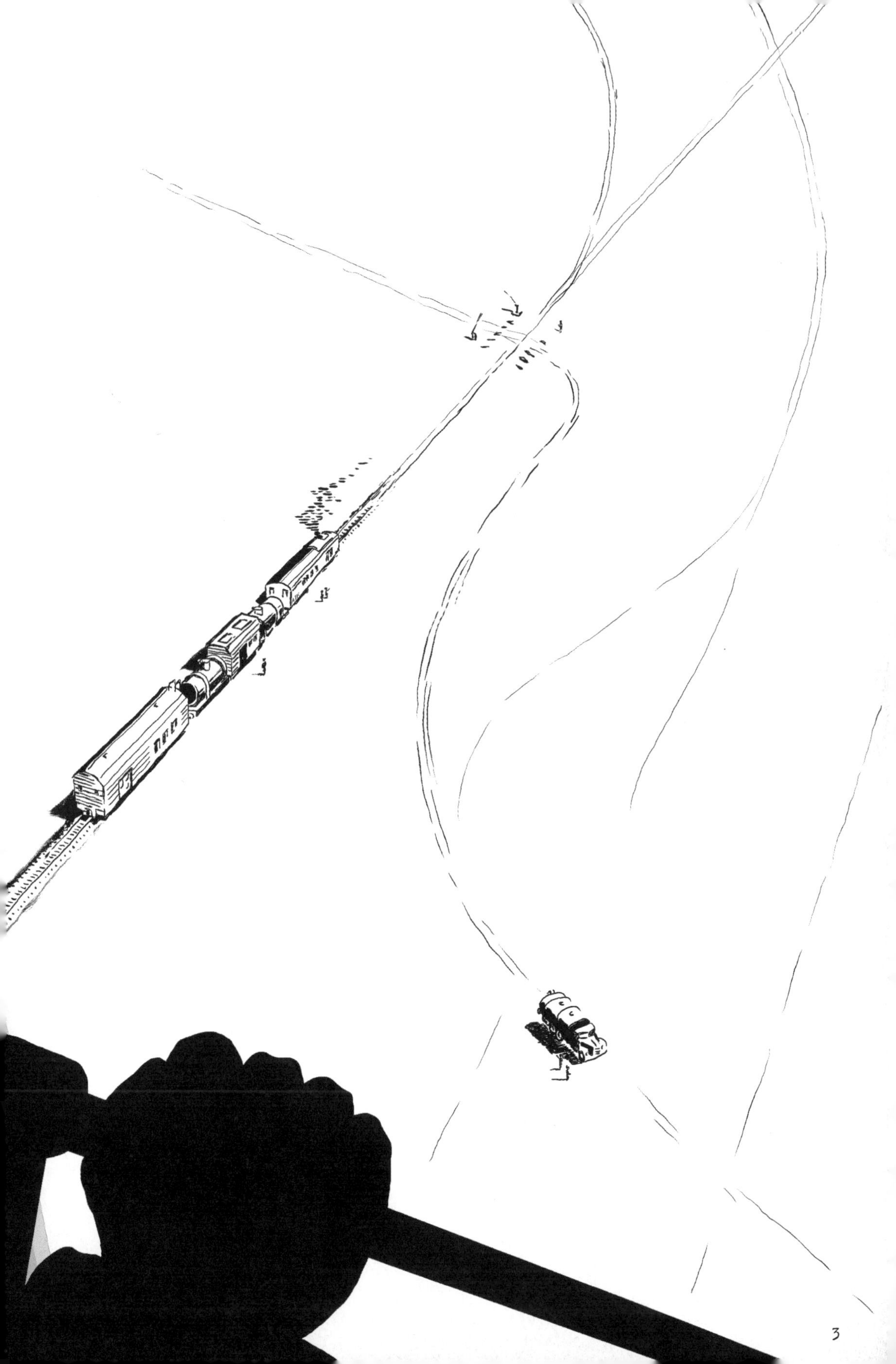

1933 Ленинград
Молодой авиаконструктор Сергей Королёв работает в Газодинамической лаборатории, основанной по инициативе дальновидного маршала Тухачевского и расположенной в Петропавловской крепости.
Валентин Глушко работает в той же лаборатории над созданием жидкого ракетного топлива. Но были и другие «взрывоопасные» вопросы, которые сотрясали стены старой крепости...
Валентин Глушко
Жидкое топливо можно подавать через турбонасосную систему в сопле двигателя.
Таким образом в камере сгорания достигается большее давление, а значит и большая тяга.
Не будь ханжой, Валентин!
...и вот ещё что, Сергей. Держись подальше от моей сестры!
Так ведь нельзя. Ты женат!
Катя сама может решать за себя!

1937
Чувствуя угрозу со стороны образованных офицеров, Сталин начинает чистку командного состава Красной Армии. Затем репрессиям подвергнутся и остальные слои советского общества.
11 июня
Репрессии докатились и до Петропавловской крепости.
На закрытом судебном заседании маршал Тухачевский был осуждён по ложному обвинению.
Тем же вечером его расстреляли.
Под угрозой оказались все, кто был хоть как-то с ним связан.
СЕРГЕЙ ПАВЛОВИЧ КОРОЛЁВ. ВЫ АРЕСТОВАНЫ!
Королёва, наряду с другими учёными, инженерами, писателями и интеллектуалами, приговаривают к исправительным работам в сибирских лагерях.
Многие из этих лагерей уже не вернутся.

СИБИРЬ

1939 год, золотой прииск на Колыме

ЭЙ!
Всё равно ты сдохнешь, так что ЭТО я заберу!
Это МОЙ хлеб!
А НУ УСПОКОИЛИСЬ!
Хе-хе! Говорил же, что заберу.
Слишком он упрямый. Долго здесь не протянет!
ВСТАТЬ!
АК 2010

Июнь 1941
Несмотря на героическое сопротивление Красной Армии, фашистские войска продолжают своё стремительное наступление.
На глазах четверых детей немецкие танки входят в их родную деревню Клушино, расположенную всего в 160 километрах к западу от Москвы.
Валентин, Юрий, маленький Борис и их сестра Зоя – дети Алексея и Анны Гагариных.
Алексей работает плотником, а Анна – дояркой на колхозной ферме.
Нам нужно больше оружия! Танков! Самолётов! Эвакуируйте все заводы в тыл!
Привлеките лучших инженеров и конструкторов! Увеличьте производств НЕМЕДЛЕННО!

Сам же отправил всех инженеров в исправительные лагеря и...
Есть, товарищ Генеральный секретарь.
...расстрелял всех, кто мог руководить заводами!
КЛУШИНО

Хорошо, товарищ!
Приноси дела всех, кто ещё жив!
1939
Предчувствуя надвигающуюся нацистскую угрозу, правительство Сталина начинает снижать размах репрессий, которым подвергались офицеры и инженеры.
Королёв
Сергей Павлович
ГИРО-Х
Хм... Как насчёт этого? Кажется, его арестовали по ошибке... Впрочем, как и всех остальных...
Что это? Конструктор планеров, да ещё и сам планерист?
Свяжись с руководством НКВД. Надо его вытащить!
Член Группы космических путешествий!
Экспериментальные реактивные самолёты?!
1933
Именно из-за экспериментов с ракетными двигателями Королёв попал в поле зрения военных. Позже его страсть к ракетам спасёт ему жизнь.
Есть, маршал Тухачевский!
СМИРНО, ТОВАРИЩ КОРОЛЁВ!

Конец 1939
Приказ Сталина по отзыву квалифицированных специалистов наконец-то доходит и до ГУЛАГа на Колыме, где Королёву всё же удалось выжить. Но самые суровые испытания ещё ждут его впереди...
ЗАКЛЮЧЁННЫЙ КОРОЛЁВ! Вам приказано прибыть в Москву!
Поездом?
Каким поездом?
На каком поезде мне добираться до Москвы?
Как ты будешь добираться - меня не касается!
О боже...
До Москвы Королёву, который всё ещё официально числился заключённым, пришлось добираться на попутках.
В Магадан, в порт, подбросишь? Мне надо найти корабль.
В Магадане ему приходится месяц ждать следующего корабля.
Так корабль уже уплыл.
Я должен попасть в Москву. Дело касается обороны страны.

Как оказалось, ему крупно повезло: корабль, на котором он хотел плыть, затонул.
Ему опять приходится добираться на попутках...
...или идти пешком.
У него начинают выпадать зубы. Голод и жажда мучают так сильно, что сил идти дальше уже нет.
Ещё рано сдаваться.
Королёв всё-таки добирается до Москвы. С сентября 1940 года он работает под руководством авиаконструктора Андрея Туполева в конструкторском бюро тюремного типа.

Вместе с Туполевым Сергей Королёв проектирует истребители и бомбардировщики для фронта. Но при этом ни на секунду не забывает о ракетостроении и в свободное время продолжает работать над проектом ракеты.

Как и большинство советских граждан, Королёв готов на всё ради победы над фашистами. Несмотря на массовые сталинские репрессии, народ верит, что однажды наступит мирное и светлое коммунистические будущее.

Константин Эдуардович Циолковский

Русский учёный, исследователь и школьный учитель. Доказал возможность орбитальных космических полётов. Приверженец философии космизма. Полагал, что судьба человечества – исследовать и покорять космос. Его труды вдохновляли поколения русских и советских конструкторов, которые мечтали о «дороге к звёздам».

Но не только патриотизм и коммунистические идеалы позволили Королёву пережить зверские допросы, нечеловеческие лишения и сталинские репрессии.

Королёв был приверженцем космизма.

Ещё с юношеских лет он грезил о том, как однажды человечество «откроет дорогу к звёздам».

Многие из его коллег разделяли эту мечту, и вместе им удалось совершить величайший прорыв двадцатого века.

После окончания Второй мировой войны разработки Королева вновь привлекают пристальное внимание военных. На этот раз они хотят использовать его в новом жутком идеологическом конфликте: «холодной войне».

Мирная жизнь в деревне Клушино подходит к концу – война подбирается всё ближе...
Октябрь 1942
Немецкие войска занимают деревню. Стратегические ориентиры, церковь и мельница, разрушены артиллерийским огнём.
Раненый офицер подзывает немцев поближе и взрывает спрятанную за спиной гранату.
Однажды Юрий с братом Валентином пробираются в лес...
Фашисты!
Допрашивают нашего! Он ранен!
Потрясённые и вдохновлённые увиденным, Валентин и Юрий решают вести свою борьбу: они начинают прокалывать шины немецких грузовиков.

Немецкий механик Альберт начинает следить за Гагариными.
Он тащит в сад младшего брата, Бориса, и...
..вешает мальчика на дереве, наблюдая, как тот задыхается. Юрий бежит за матерью. Анна Гагарина пытается освободить Бориса, а Альберт тянется к кобуре...
..и тут его зовёт к себе офицер.
Бориса удаётся спасти.
Юрий продолжает портить аккумуляторы для танков, которые должен заряжать Альберт.
Альберт в ярости и клянётся убить Юрия. К счастью, его часть уходит из Клушино.
Семья Гагариных пережила многие ужасы и лишения во время оккупации. Брата и сестру Юрия немцы угнали в трудовые лагеря. Но им удалось сбежать и вступить в Красную Армию. Один эпизод во время войны произвёл на Юрия особо сильное впечатление:
Два Мессершмитта и два наших Яка...
О нет! Один из наших сбит!
Ногу слегка задело.
Жить будет!
Как Вы, товарищ пилот?
Немного отдохнёт, хорошо подкрепится – и будет как новый!
На следующий день:
Как же здорово быть лётчиком!
Смотри! «Кукурузник» взлетел!
А зачем сжигать Як?
Чтобы не достался врагу.

1946
После освобождения Клушино в деревенской школе снова началась учёба.
Юрий прилежно учится.
Ему очень нравится собирать и запускать модели самолётов.
ОЙ!
Окончив школу, Юрий решает начать помогать семье. Позже он поступает в Саратовский индустриальный техникум.
Дорогие мама и папа, на фотографии я в литейном цеху. Работа здесь очень тяжёлая. Надеюсь, что скоро смогу присылать домой
Юра ++
Дорогие мама и папа работа литейщиком у меня не заладилась. Извините! Зато я поступил в Саратовский техникум на тракториста-механика. В колхозе эта специальность всегда пригодится! С любовью,
Юра ++
Саратов предлагал множество возможностей для проведения досуга: различные кружки, спортивные клубы и секции...

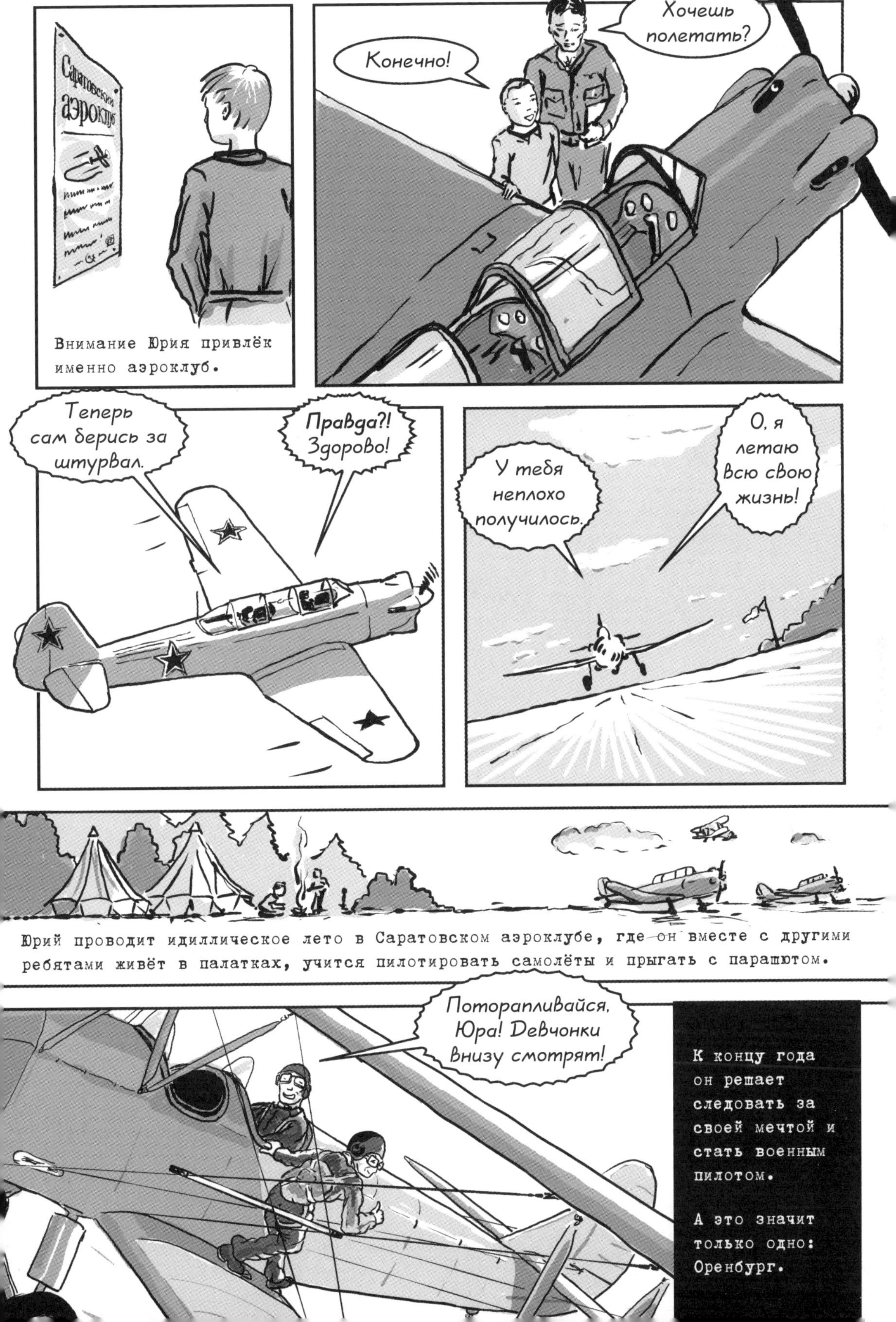
Саратовский аэроклуб
Внимание Юрия привлёк именно аэроклуб.
Хочешь полетать?
Конечно!
Теперь сам берись за штурвал.
Правда?! Здорово!
У тебя неплохо получилось.
О, я летаю всю свою жизнь!
Юрий проводит идиллическое лето в Саратовском аэроклубе, где он вместе с другими ребятами живёт в палатках, учится пилотировать самолёты и прыгать с парашютом.
Поторапливайся, Юра! Девчонки внизу смотрят!
К концу года он решает следовать за своей мечтой и стать военным пилотом.
А это значит только одно: Оренбург.

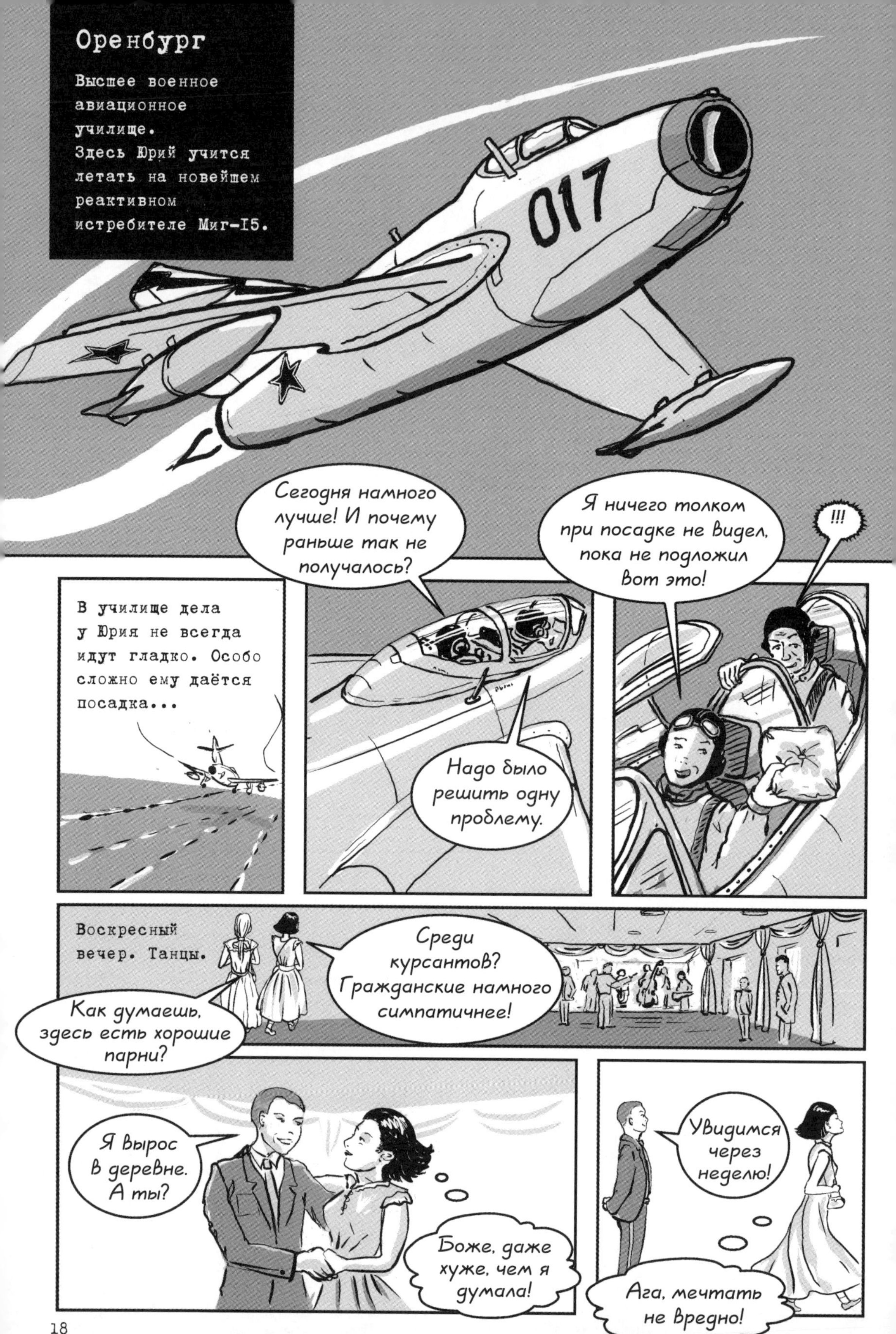

Оренбург
Высшее военное авиационное училище. Здесь Юрий учится летать на новейшем реактивном истребителе Миг-I5.
017
В училище дела у Юрия не всегда идут гладко. Особо сложно ему даётся посадка...
Сегодня намного лучше! И почему раньше так не получалось?
Надо было решить одну проблему.
Я ничего толком при посадке не видел, пока не подложил вот это!
!!!
Воскресный вечер. Танцы.
Как думаешь, здесь есть хорошие парни?
Среди курсантов? Гражданские намного симпатичнее!
Я вырос в деревне. А ты?
Боже, даже хуже, чем я думала!
Увидимся через неделю!
Ага, мечтать не вредно!

Вот дурак! С чего это вдруг я снова пойду с **ним** на свидание?
И почему он такой само-уверенный?
Плачешь? Из-за этой сентиментальной чепухи?
Шмыг! Нет!
Это ж всё выдумка!
Зато красиво!
Ерунда!
Вовсе нет!
До следующего воскресенья?
Хм!
Надеюсь, вы проголодались, молодой человек!
Входи!
Ммм, пахнет вкусно!
Октябрь 1957
Юра и Валя поженились. Через месяц Юрий получает «крылья» пилота.
За всем этим он пропускает событие, которое изменит его будущее.

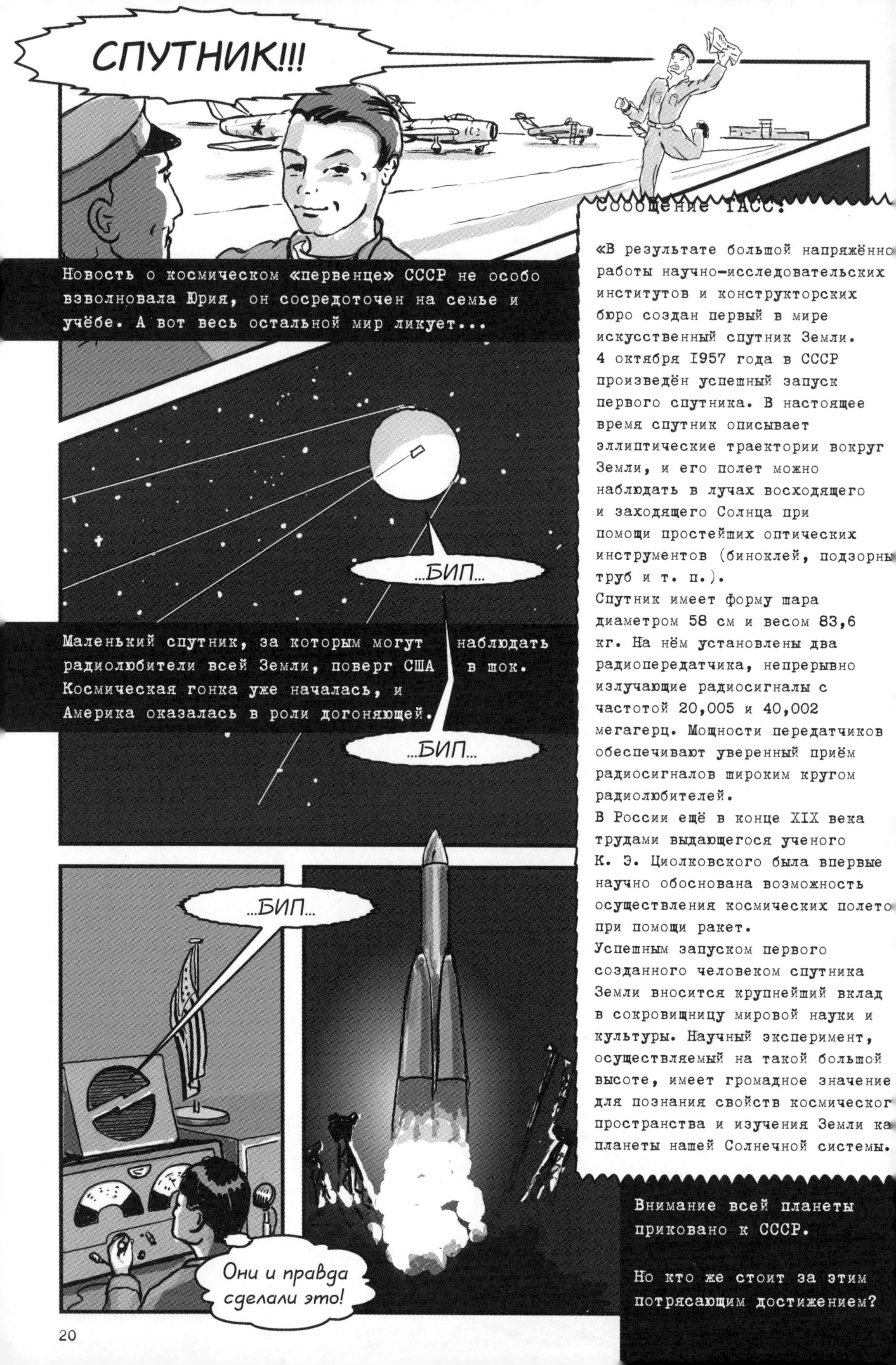
СПУТНИК!!!
Новость о космическом «первенце» СССР не особо взволновала Юрия, он сосредоточен на семье и учёбе. А вот весь остальной мир ликует...
...БИП...
Маленький спутник, за которым могут наблюдать радиолюбители всей Земли, поверг США в шок. Космическая гонка уже началась, и Америка оказалась в роли догоняющей.
...БИП...
...БИП...
Они и правда сделали это!
Сообщение ТАСС:
«В результате большой напряжённо работы научно-исследовательских институтов и конструкторских бюро создан первый в мире искусственный спутник Земли. 4 октября 1957 года в СССР произведён успешный запуск первого спутника. В настоящее время спутник описывает эллиптические траектории вокруг Земли, и его полет можно наблюдать в лучах восходящего и заходящего Солнца при помощи простейших оптических инструментов (биноклей, подзорны труб и т. п.).
Спутник имеет форму шара диаметром 58 см и весом 83,6 кг. На нём установлены два радиопередатчика, непрерывно излучающие радиосигналы с частотой 20,005 и 40,002 мегагерц. Мощности передатчиков обеспечивают уверенный приём радиосигналов широким кругом радиолюбителей.
В России ещё в конце XIX века трудами выдающегося ученого К. Э. Циолковского была впервые научно обоснована возможность осуществления космических полето при помощи ракет.
Успешным запуском первого созданного человеком спутника Земли вносится крупнейший вклад в сокровищницу мировой науки и культуры. Научный эксперимент, осуществляемый на такой большой высоте, имеет громадное значение для познания свойств космическог пространства и изучения Земли ка планеты нашей Солнечной системы.
Внимание всей планеты приковано к СССР.
Но кто же стоит за этим потрясающим достижением?

1944 Тысячи военнопленных работают на заводах, где собирается «Фау-2» Вернера фон Брауна — первая боевая баллистическая ракета. «Фау-2» наводит ужас на жителей Лондона. Советы боятся, что следующей целью будут именно они.
Королёва переводят в конструкторское бюро тюремного типа, где он начинает разработку ракеты.
У нас должна быть своя «Фау-2»!
Сколько у меня времени?
В Вашем распоряжении будет 60 инженеров.
Нисколько!
1945 Королёва, который всё ещё официально числится заключённым, направляют в оккупированную Германию за материалами по ракете «Фау-2». Вернера фон Брауна, ключевую фигуру немецкого ракетостроения, американцы уже переправили к себе. Так что теперь у США есть всё необходимое для доставки ядерного оружия в любую точку земного шара. Советский Союз опасается американского нападения и разрабатывает ракеты с всё большей и большей дальностью полёта. Королёву необходимы самые мощные двигатели.
Королёв подозревал, что именно Валентин Глушко в своё время донёс на него, но тем не менее им приходится работать в одной команде. Глушко разрабатывает систему двигателей, которая становится основой для ракет Королёва.
Четыре двигателя подключены к общему насосу подачи горючего. Такая конструкция обеспечивает необходимую тягу, позволяя при этом не допускать перегрева компонентов и использовать более дешёвое топливо.
После нескольких неудачных попыток новая ракета Р-7 с двигателями Глушко совершает первый успешный полёт. Это значит, теперь она может нести ядерное оружие или спутники.
Ракета стабилизирована!

Май 1955
Тюра-Там, Казахстан. Крохотная железнодорожная станция на линии Москва – Ташкент. Водонапорная башня, пару домов, где живут работники станции, да заброшенная железнодорожная ветка, ведущая к заброшенному карьеру.
Товарищ, начальник станции! Срочная телеграмма из Москвы!
Странно. Я вроде ничего не заказывал...
Скажи сцепщику, чтобы был наготове! Надо будет отцепить два вагона от ташкентского поезда.
Хорошо!
Лейтенант Игорь Денежкин, 130-е Управление инженерных работ.
!!
Нам приказано подготовить новую ветку на вашей станции.
Полковник Пернятин, инженерно-строительная бригада.
Полковник Дуров, инженерно-строительная бригада.
Подполковник Пухов, 54-й аэродромно-строительный полк.
Полковник Халабуденко, 2-я инженерно-строительная Симферопольская бригада.
На новую железнодорожную ветку в Тюра-Таме начинают пребывать составы со стройматериалами. Советский Союз отправляется в космос – на поезда

Чёрт, сержант! Мы два часа ехали от ж/д станции и теперь посреди какой-то пустыни!
Отставить нытьё, солдат! По сравнению с нашей предыдущей стройкой, это – курорт!
Меньше слов и...
...больше дела!
31 мая 1955
Главный конструктор В.П. Бармин и его подчинённые начинают строительство в одном из самых пустынных уголков планеты...
Зимой жуткий холод, летом невыносимая жара.
Грёбаные палатки!
Да ещё эти грызуны повсюду! Попались!
За несколько месяцев голая степь превратилась в огромную строительную площадку, окружённую палаточным городком.

В степи возвышается стартовая площадка.

Чтобы сбить американцев с толку объект называют Байконур, в честь городка, расположенного в 60 километрах.

Напряжение нарастает... Угроза ядерной войны реальна как никогда. Новая ракета Р-7 может долететь до Америки, но жидкий кислород, который служит топливом для двигателей, быстро испаряется, что создаёт трудности при подготовке к запуску. Советское правительство хочет, чтобы Р-7 доставляла на орбиту спутники-шпионы. Королёв соглашается, но с одним условием:

Руководство партии одобряет предложение Королёва, а это значит, что Р-7 теперь не просто боевая ракета, она – космический корабль. Байконур будет не только ракетным полигоном, но и тем, о чём мечтали приверженцы космизма, – космическим портом,

КОСМОДРОМОМ!

НОРВЕГИЯ
ШВЕЦИЯ
ФИНЛЯНДИЯ
ЛУОСТАРИ
СССР
После окончания лётного училища Юрия направляют в авиационный полк Северного флота, расположенный в посёлке Луостари.
Теперь у Советского Союза есть ракета, которая может пересечь полюс и нанести ядерный удар по Америке. США встревожены и пытаются разработать похожую ракету для нанесения ответного удара.
Новый лидер СССР, Никита Сергеевич Хрущёв, обеспокоен американскими успехами в ракетостроении. Он требует результатов от главного конструктора.
Но в холодной войне слова и идеи имеют не меньшее значение, чем ракеты...
Кандидат в президенты США, Джон Кеннеди, использует технологические достижения Америки в качестве доказательства превосходства капитализма над коммунизмом. Для обоих лидеров достижения в освоении космоса – это оружие идеологической войны.
Р-7, как оружие, наводит ужас на американцев; а когда эта ракета доставила первый спутник на орбиту, начался новый виток холодной войны. После её следующего запуска ставки поднимутся ещё выше...

3 ноября 1957

Королёв снова удивляет весь мир запуском Спутника-2, на борту которого находилось живое существо – собака Лайка, в мгновение ока ставшая всемирной знаменитостью.

Сможет ли человек пережить полёт в космос?

Ни русские, ни американцы не знали ответа на этот вопрос.

Полёт Лайки был билетом в один конец, этот трагический факт необычайно расстроил всё человечество.

Но теперь доподлинно известно: живые существа могут переносить космические полёты.

Воодушевлённые этим фактом, советские учёные проводят ряд запусков ракет с собаками на борту.

Поражённые американцы понимают, что начался следующий этап гонки:

подготовка к полёту человека в космос.

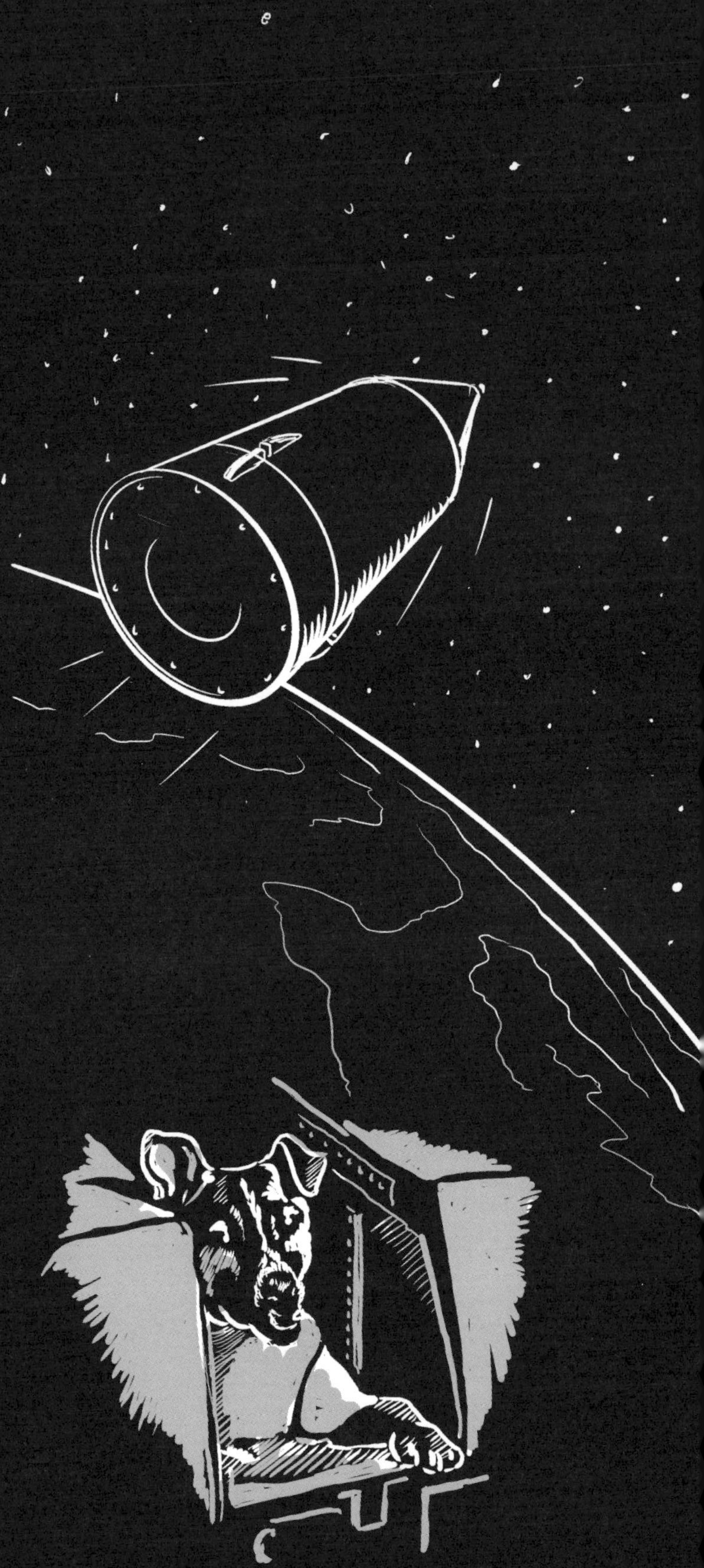

Служба на Севере становится настоящим испытанием для Юрия: длинные полярные ночи, суровые морозы, бураны, скрывающие в снежной мгле всё вокруг.
Что это? Чёрный лёд!
Чёрт! Шина лопнула!
Вот это уже опасно!
В условиях Крайнего Севера нелегко приходится и беременной Вале.
10 апреля 1959 в семье Гагариных родилась дочь Лена.
1225
Юра, мне очень жаль. Дергунов... Я знаю, Вы бы..и лучшими друзьями...
Думаю, не справился с управлением при посадке...
Юрий Дергунов, ближайший друг Гагарина ещё со времён Оренбурга, тоже перевёлся в Луостари. Ему было суждено пролетать всего месяц.

Юрий тяжело воспринял потерю друга. Ему никак не удаётся справиться с навалившимся стрессом.
Ты уже несколько дней почти не спишь.
Ничего не могу поделать. Даже снотворное не помогает.
Новый медицинский осмотр?
Следующий!
Эм, не совсем...
Октябрь 1959
Загадочные «доктора» осматривают всех пилотов в Луостари. Похоже, они подбирают кандидатов для нового задания.
Хотите принять участие в подготовке к новому виду полётов?
Новые истребители?
Не желаете попробовать кое-что новое?
Нет, нет. Вы не так поняли.
Только не вертолёты! Я пилотирую истребители!
А если это будет что-то совершенно новое?
Полёты на сверхдальние дистанции. Вокруг всей планеты.
Звучит интересно. Когда приступать?
8 марта 1960
Семья Гагариных переезжает в Москву.

Весна 1960

Королёв продолжает отправлять собак в космос. Все старты проводятся в атмосфере тотальной секретности, поэтому в запускаемые аппараты для их самоликвидации закладывается взрывчатка. Тем не менее конструкторы очень волнуются за своих четвероногих космонавтов.

Через
64 часа аппарат
взорвётся!
У нас
в запасе почти
три дня!
Вперёд!
Помните,
там 10 кг
взрывчатки!
Думаю,
я знаю, кто сможет
нам помочь!
Взлетать в такой туман?!
Вопрос
жизни и
смерти!
Послушай,
сделай
одолжение...
Бар в Самаре, 800 км
к западу от Байконура.
Да
вон они
сидят!
КГБ!
Мы разыски-
ваем...
Э?
А вы тут
неплохо
отдыхаете!
Наши лучшие
сапёры!

Отправляетесь в Сибирь!
КГБ!
Э-э?
О НЕТ!
Крепкого кофе им и сажай их на самолёт!
Если бы я был сапёром, наверное, тоже б так пил.
Не смешно.
Ммм...
Надеюсь, таймер не сработает раньше.
Скоро стемнеет. Надо поторапливаться.
Вон он!
Башка болит!
А когда человек полетит, в спускаемом аппарате тоже будет взрыв-чатка?
Гав!
Ой!

Москва
«Доктора», которые побывали в Луостари, отобрали по всей стране 20 человек. Этот отряд начнёт подготовку к космическому полёту, которая будет состоять из многочисленных тестов и экспериментов.
Мои электроды... Один электрод с жёлтым проводом... А другой с кра-а-асным...
Кто это?!
А... это Юрий Алексеевич.
Ему не хватает раздражителей изоляционной каме Вот он и пытаетс найти новые.
Как кочевник в пустыне, который поёт о том, что видит.
Как коче-е-евник в пусты-ы-не...
Кто оставил микрофон включённым?!
Все будущие космонавты ненавидели центрифугу: вращающееся кресло, которое могло придать нагрузки в 12 раз выше, чем земное притяжение. Это было обязательное упражнение, имитирующее перегрузки при старте ракеты.

Невесомость

Пережив перегрузки при старте и выйдя на орбиту, космонавт попадает в условия невесомости.

Никто не знает, как человеческое тело и разум будут вести себя в таких условиях.

Оба участника космической гонки пытаются выяснить это экспериментальным путём.

Американцы запускают пустые грузовые самолёты по особой «параболической дуге», чтобы создать несколько минут невесомости.

В Советском Союзе для этих целей используют МИГи. Но нашлось и более радикальное решение:
шахта лифта Московского Государственного Университета!

28 этажей.

Особым образом подготовленный контейнер сбрасывался с верхнего этажа, а внизу останавливался пневматической подушкой.

18 июня 1960
Королёв собирает отряд космонавтов в ОКБ-1, расположенном в подмосковном Калининграде, чтобы показать им корабль «Восток», на котором кто-то из них полетит.
Так, орёлики, все в сборе.
У меня вопрос.
Юрий, расскажи о себе и своей семье.
Кажется, Королёв забыл об остальных.
Что это вообще такое?
Где крылья?
Как эта штука приземляется?
Как вообще можно на таком летать?

Теперь заглянем вовнутрь. Кто первый?
Вот деревня! Он сейчас ещё и туфли снимет.
Точно! Он и будет первым!
Если позволите, Сергей Павлович.
28 июля 1960
Отряд космонавтов впервые прибывает на Байконур. Они наблюдают за стартом ракеты, на борту которой находятся две собаки: Чайка и Лисичка...
Что ж, как она летает, мы увидели. И что важнее, как взрывается тоже!

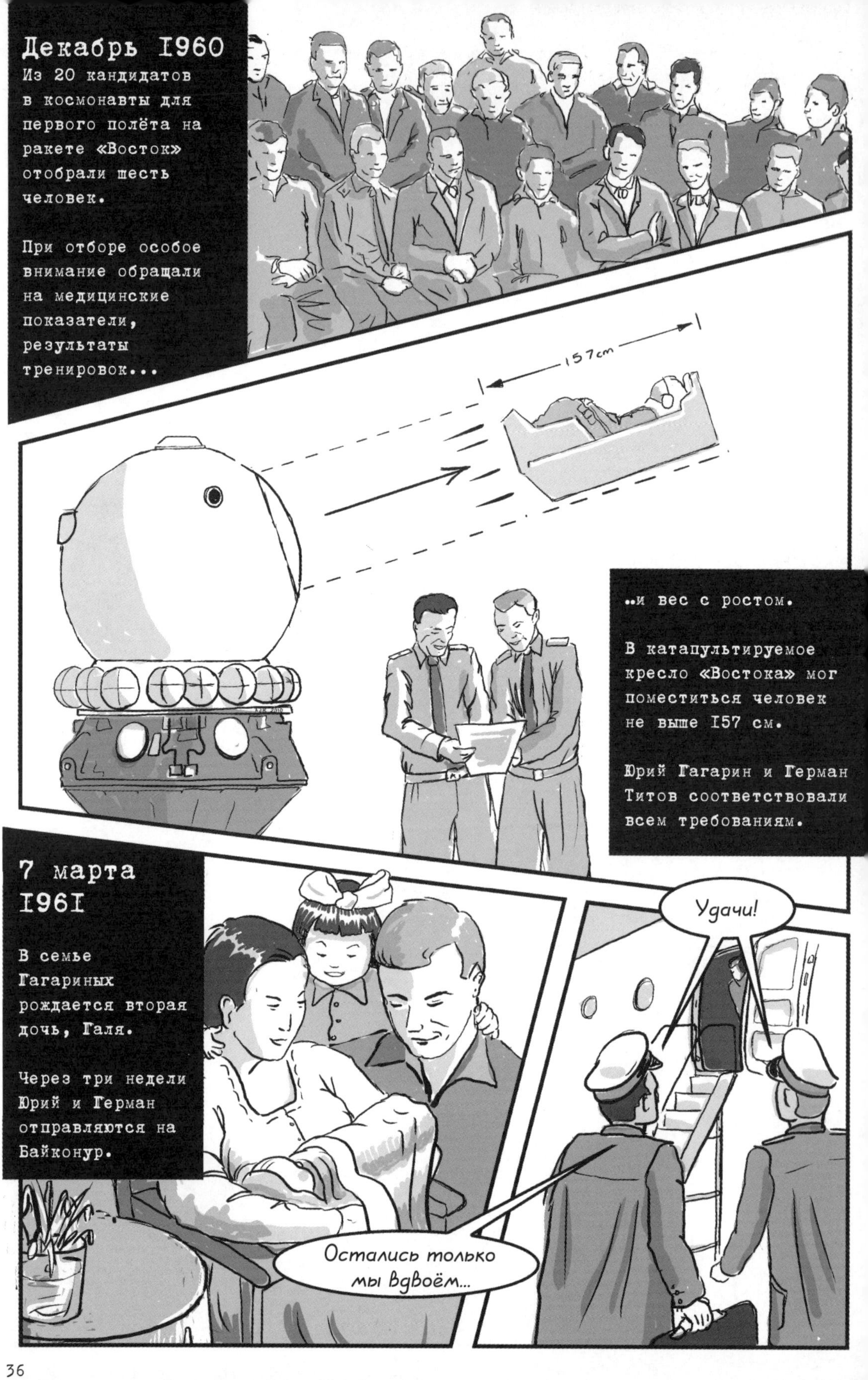

Декабрь 1960
Из 20 кандидатов в космонавты для первого полёта на ракете «Восток» отобрали шесть человек.
При отборе особое внимание обращали на медицинские показатели, результаты тренировок...
157 cm
..и вес с ростом.
В катапультируемое кресло «Востока» мог поместиться человек не выше 157 см.
Юрий Гагарин и Герман Титов соответствовали всем требованиям.
7 марта 1961
В семье Гагариных рождается вторая дочь, Галя.
Через три недели Юрий и Герман отправляются на Байконур.
Остались только мы вдвоём...
Удачи!

25 марта 1961
За месяц до старта Гагарина «Иван Иванович» совершает успешный полёт на корабле «Восток».
Однако его радиосообщения выглядят очень странно... Похоже, что хор имени Пятницкого в полном составе исполняет одну из своих песен прямо из космоса.
Не шуми, печальная калина, Не клонись ветвями до земли... Мы опять в родимые долины По путям Войны домой пришли.
Смотри, пилот спускается на парашюте.
А где же самолёт?
Надо ему помочь!
Он не поднимается!
Это не человек!
Почему солдаты не помогают ему?
Манекен «Иван» доказал, что «Восток» может безопасно доставить человека из космоса на землю.

В США тем временем осуществляется программа «Меркурий».
Астронавт Алан Шепард проходит последние этапы подготовки к суборбитальному полёту.
Кто же полетит?
7 апреля 1960
На секретном заседании Государственного комитета окончательно утверждена кандидатура первого космонавта. Им становится Юрий Алексеевич Гагарин.
Гагарина и Титова вызывают и просто ставят перед свершившимся фактом.
Титов явно разочарован. Теперь ему предстоит быть дублёром Юрия.
8 апреля
Проходит повторное заседание для кинохроники.
Гагарин произносит заранее подготовленную речь.

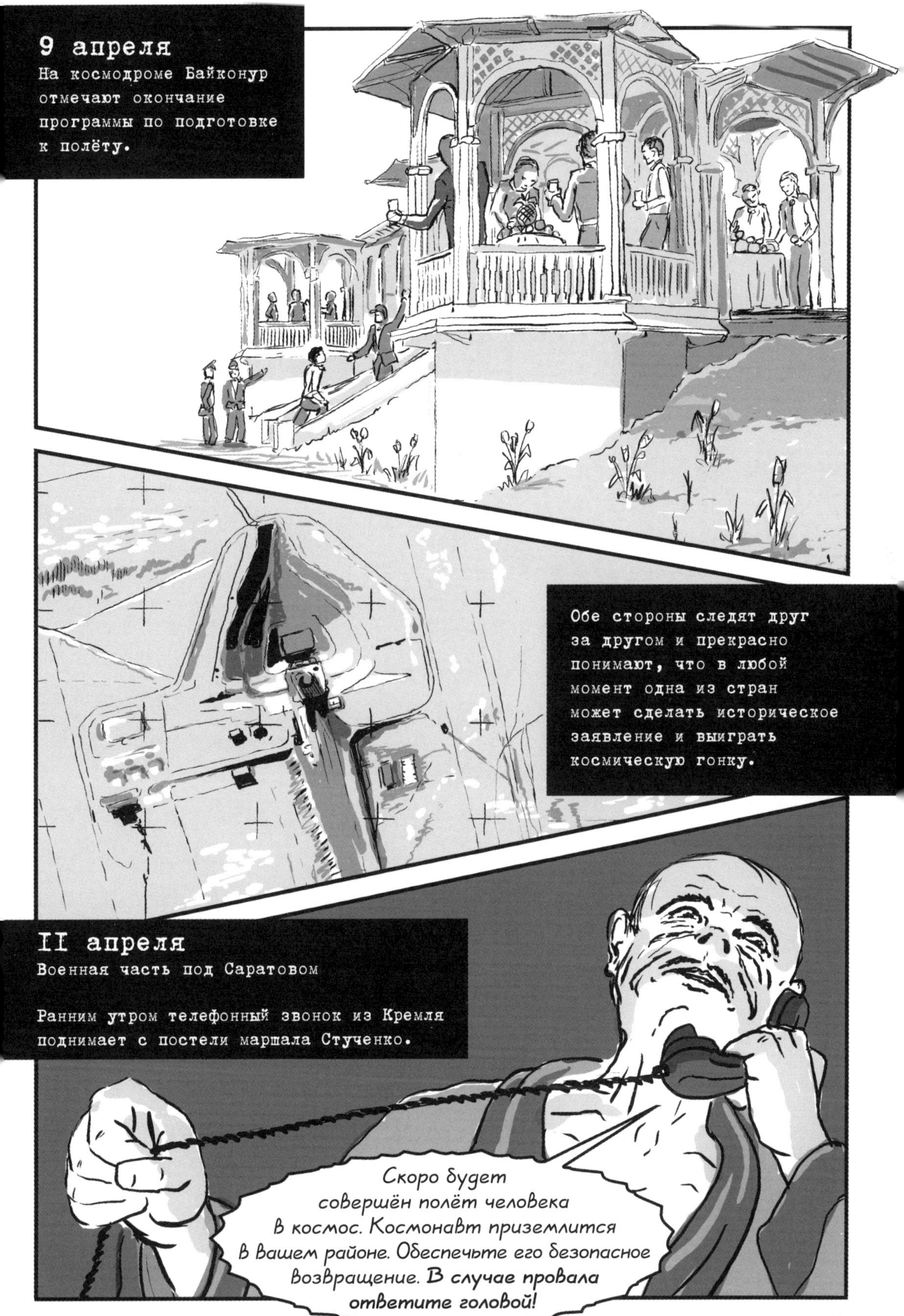
9 апреля
На космодроме Байконур отмечают окончание программы по подготовке к полёту.
Обе стороны следят друг за другом и прекрасно понимают, что в любой момент одна из стран может сделать историческое заявление и выиграть космическую гонку.
11 апреля
Военная часть под Саратовом
Ранним утром телефонный звонок из Кремля поднимает с постели маршала Стученко.
Скоро будет совершён полёт человека в космос. Космонавт приземлится в вашем районе. Обеспечьте его безопасное возвращение. В случае провала ответите головой!

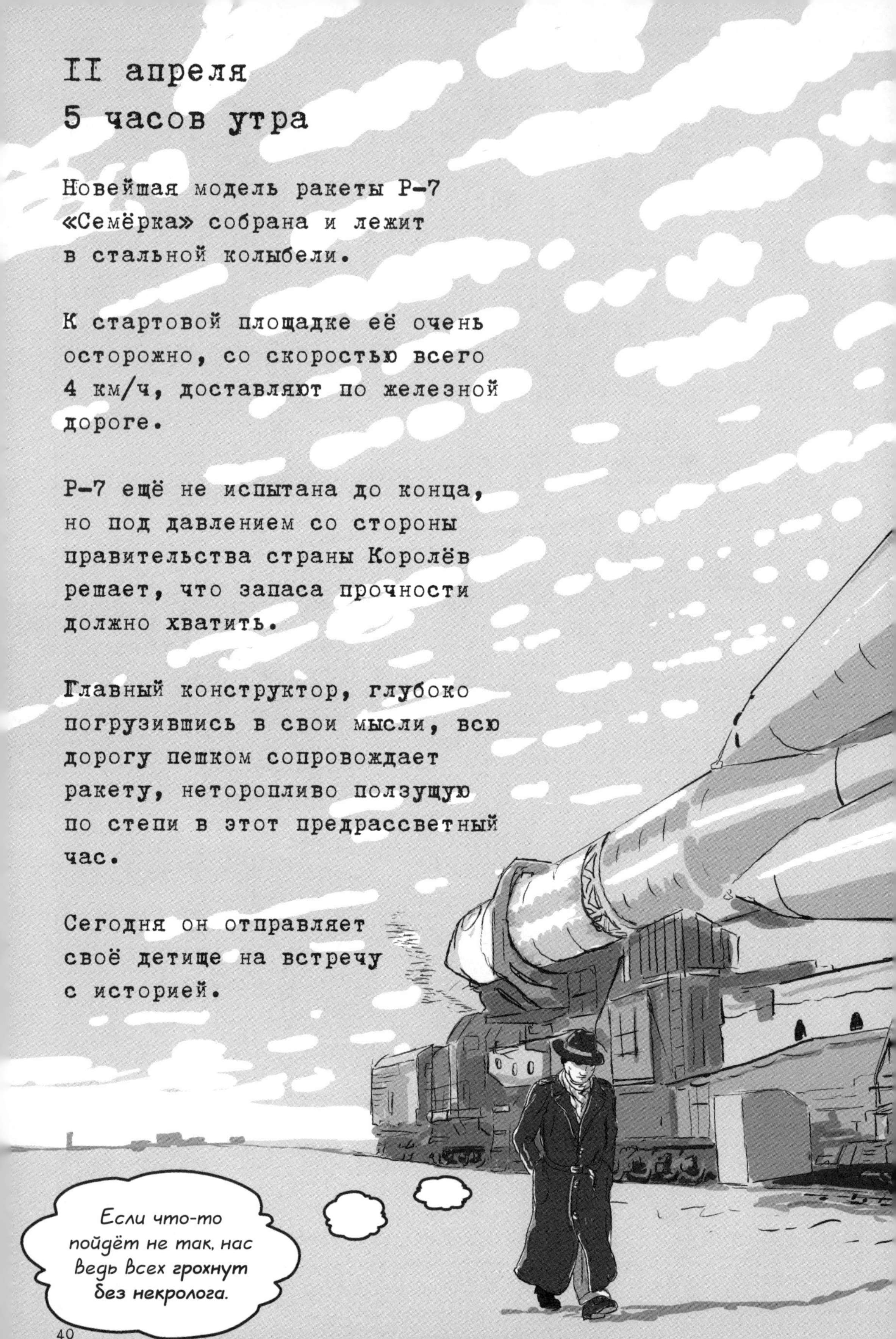
II апреля
5 часов утра
Новейшая модель ракеты Р-7 «Семёрка» собрана и лежит в стальной колыбели.
К стартовой площадке её очень осторожно, со скоростью всего 4 км/ч, доставляют по железной дороге.
Р-7 ещё не испытана до конца, но под давлением со стороны правительства страны Королёв решает, что запаса прочности должно хватить.
Главный конструктор, глубоко погрузившись в свои мысли, всю дорогу пешком сопровождает ракету, неторопливо ползущую по степи в этот предрассветный час.
Сегодня он отправляет своё детище на встречу с историей.
Если что-то пойдёт не так, нас ведь всех грохнут без некролога.

11-го апреля
Титов и Гагарин находятся в доме, в нескольких километрах от стартовой площадки.
Их навещает Николай Каманин, который руководил подготовкой первых космонавтов.
Знаете, по-моему, со мной что-то не так.
В чём дело?
Старт назначен на завтрашнее утро, а я совсем не волнуюсь. Разве это нормально?
Это замечательно, Юра. Очень рад за тебя. Спокойной ночи!
Сергей Павлович!
Не понимаю, к чему весь этот сыр-бор...
...через пять лет наши граждане смогут проводить отпуск в космосе!
Спокойной ночи!

Руководитель программы предполётной подготовки, Владимир Яздовский, тайно установил тензодатчики в матрасах. Если космонавты будут часто ворочаться во сне, врачи в соседнем здании узнают об этом.
Значит... если я не буду двигаться, они подумают, что я не нервничаю...
Хм, интересная штука!
12 апреля, 5:30 утра
Прибывают Королёв и Яздовский.
Как вы нас учили!
Ну как вы тут? Ещё дрыхните?
Как спали?
Никогда не видел его таким измученным и уставшим.
Так и обнял бы его, не будь он Боссом.
Ммм. Еда космонавтов!
Рекомендую картофельное пюре.

Титов и Гагарин надевают космические скафандры. Но Титов понимает, что сегодня дальше стартовой площадки он не поднимется.
Подпишешь для меня?
И для меня!
Да ладно вам.
Лучше привыкай, Юра! Ещё миллион раз будешь подписывать!
Уже ничего не случится. А что если?
Нет, Всё будет хорошо.
Но если Вдруг?
В автобусе, по пути к стартовой площадке, Юрий спокоен, а Германа мучают мысли... Наступает время прощаться. Хотя в скафандре это сделать не так уж легко.
СТУК!
СССР
Удачи!
На верхнем уровне стартовой площадки Юрию помогают втиснуться в модуль «Востока».

Корабль «Восток» оснащён автоматическими и дистанционными системами управления.
Советские врачи всё ещё опасаются, что в космосе человек может повести себя нерационально.
В чрезвычайной ситуации пилот мог вскрыть конверт с секретным кодом и перейти на ручное управление.
Но наземная команда боится, что на это уйдёт слишком много времени.
Конструктор Олег Ивановский нарушает приказ и просит Юрия отключить интерком и открыть забрало гермошлема...
Юра, числа в конверте: три, два, пять!
Да, я знаю. Каманин мне уже сказал!
Нет КП-3!
В бункере управления команда Королёва следит за световыми индикаторами, которые отображают готовность систем жизнеобеспечения.
Индикатор КП-3 сигнализирует контакт прижима крышки люка спускаемого аппарата.
Можете открыть люк и повторно установить крышку?
На это уйдёт полчаса! С крышкой вроде всё в порядке!
Хорошо, я передам Юре, а то он подумает, что запуск отменён!
Делайте своё дело, с Юрой я сам поговорю.
Наконец-то:
Есть контакт КП-3!
Всем покинуть стартовую площадку!

СССР
ПОЕХАЛИ!!!

Гжатск неподалёку от Клушино. Утро. Мария Гагарина, невестка Юрия, занимается домашним хозяйством.
Космический корабль! Что же дальше?
12 апреля 1961 года в Советском Союзе выведен на орбиту вокруг Земли первый в мире космический корабль-спутник «Восток» с человеком на борту.
Пилотом-космонавтом является гражданин СССР лётчик майор Гагарин Юрий Алексеевич.
ЮРА-А!!!
Ю... Ю... Юра!!!
Мария бежит в соседний дом, где живёт мать Юрия и его сестра Зоя.
Разбился?
Да нет!
В космосе он!
Что же он наделал? У него же две малютки, доченьки такие...

Услышав новости, старший брат Валентин мчится в автопарк, где он работает. Надо подвезти мать до вокзала, которая собралась в Москву, чтобы помочь Вале с детьми.
ЭЙ!
Есть кто живой?
Что случилось?
Все слушают новости по радио о твоём младшем брате!
Можно взять грузовик на часок?
Конечно! Бери любой!
Мама, залезай!
Чёрт! ГАИ!
Брат в космосе?! Следуй за мной!
ОСТАНОВИТЕ... ПОЕЗД!

Три минуты:
Сброс головного обтекателя.
В иллюминаторе Гагарин видит тёмно-синее небо.
Начинается невесомость.
Полет проходит успешно. Все приборы, все системы работают хорошо. Вижу Землю, видимость хорошая. Наблюдаю облака над землёй, мелкие, кучевые. И тени от них. Красиво, красота.
Как самочувствие?
Чувство невесомости интересно. Самочувствие хорошее.
СССР
Пять минут:
Отделяется третья ступень.
Название корабля «Восток» призвано показать превосходство Востока над Западом.
И именно на восток летел корабль, используя вращение Земли, чтобы разогнаться до скорости в восемь километров в секунду.
Приборы показывают 28 000 км/ч, но Гагарин не ощущает этой скорости.

79 минут.
Московское время – 10:25
В точно заданное время включилась тормозная двигательная установка.
СССР
Что скажут люди на земле, когда услышат о моём полёте?
Земля – голубая! Как красиво.
В детстве мама целовала меня на сон грядущий в спину между лопаток.
Знает ли она, где я сейчас? Сказала ли ей Валя о моём полёте?
Как прекрасна наша планета. Нам надо постараться сохранить эту красоту.
В апреле 1961 года Гагарин был единственным из трёх миллиардов человек, кто увидел нашу планету из космоса как крохотный голубой шар.

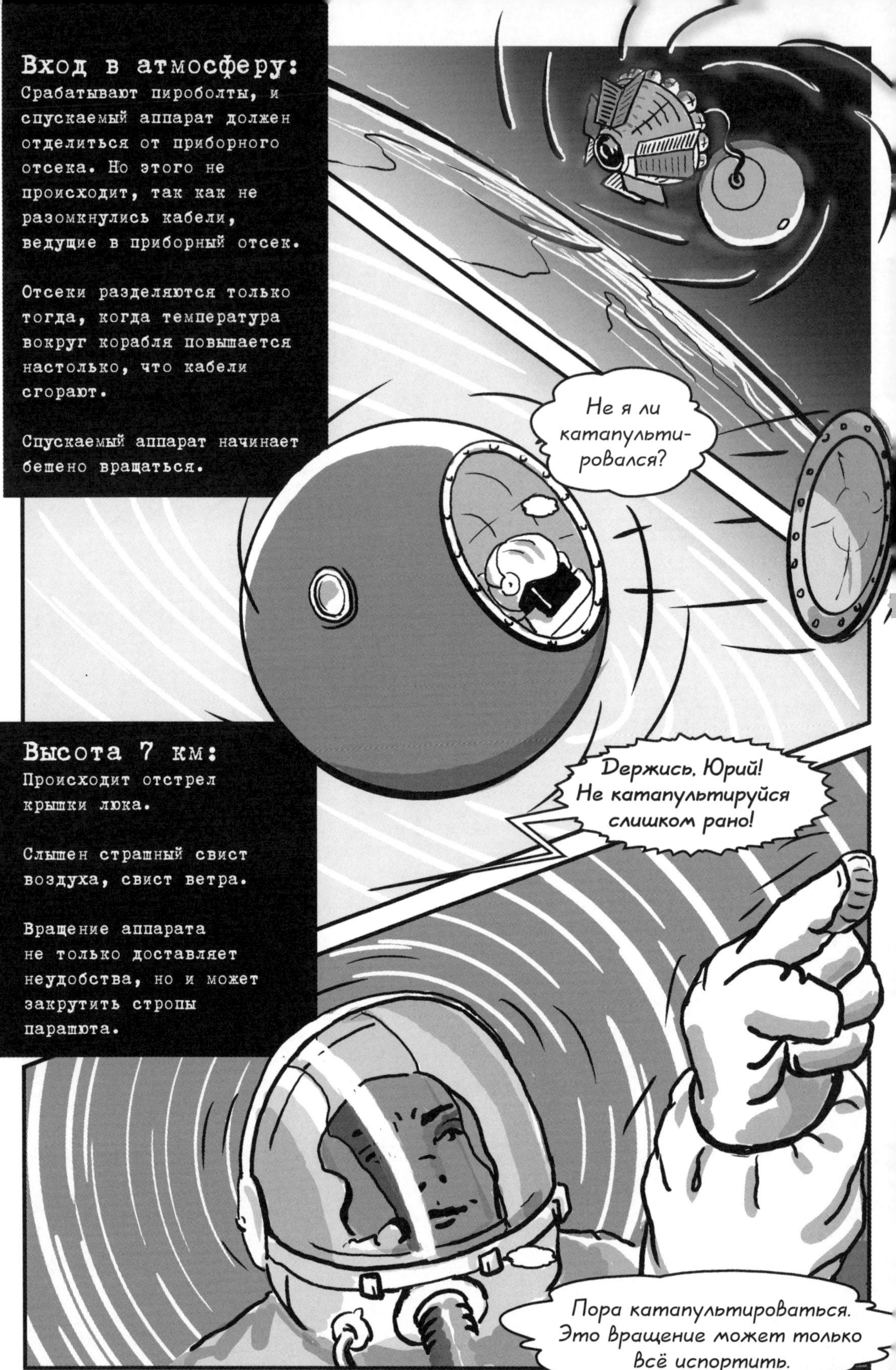
Вход в атмосферу:
Срабатывают пироболты, и спускаемый аппарат должен отделиться от приборного отсека. Но этого не происходит, так как не разомкнулись кабели, ведущие в приборный отсек.
Отсеки разделяются только тогда, когда температура вокруг корабля повышается настолько, что кабели сгорают.
Спускаемый аппарат начинает бешено вращаться.
Не я ли катапультировался?
Высота 7 км:
Происходит отстрел крышки люка.
Слышен страшный свист воздуха, свист ветра.
Вращение аппарата не только доставляет неудобства, но и может закрутить стропы парашюта.
Держись, Юрий! Не катапультируйся слишком рано!
Пора катапультироваться. Это вращение может только всё испортить.

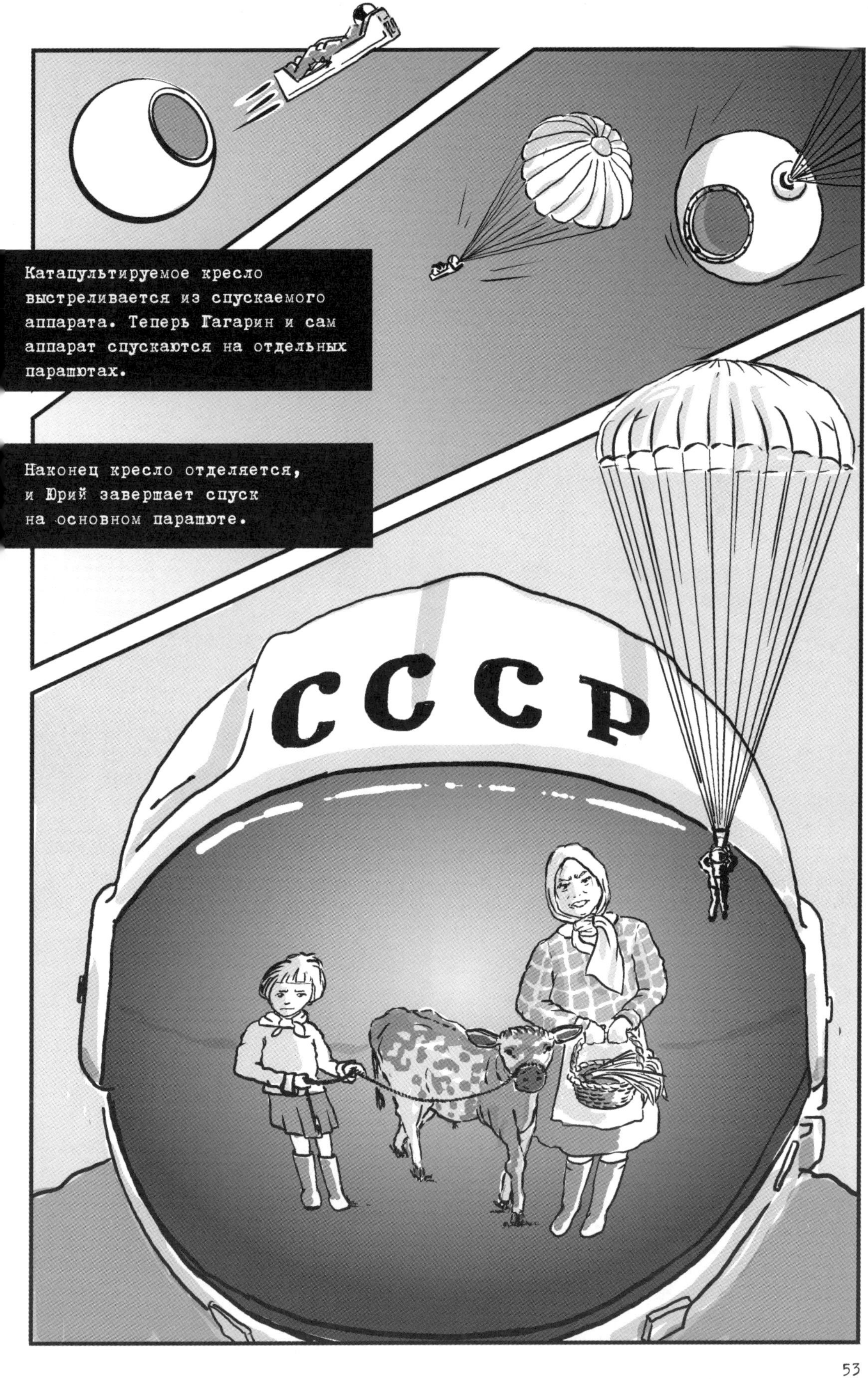

Катапультируемое кресло выстреливается из спускаемого аппарата. Теперь Гагарин и сам аппарат спускаются на отдельных парашютах.
Наконец кресло отделяется, и Юрий завершает спуск на основном парашюте.
СССР

Свой я, свой! Не бойтесь!
Вы из космоса прилетели?
Да, точно!
Первым военным, встретившим Гагарина, оказывается майор Гасиев, который возглавлял поисковую команду.
Товарищ майор, космонавт Советского Союза старший лейтенант Гагарин выполнил...
Не надо рапорта, Юра, ты уже майор!
Гагарина доставляют на энгельский аэродром, откуда он смог позвонить домой и доложить Никите Сергеевичу Хрущёву о выполнении полёта.

ЧЕЛОВЕК В КОСМОСЕ!
The Huntsville Times
Man Enters Space
Soviet Officer Orbits Globe In 5-Ton Ship
PARIS MATCH
LE PREMIER HOMME autour de la terre
nos photos exclusives de Moscou
l'Unità
L'U.R.S.S. IN DELIRIO - IL MONDO ATTONITO: UN UOMO SOVIETICO HA VINTO LO SPAZIO COSMICO
IL COMPAGNO YURI RACCONTA IL VIAGGIO
Новости о советском триумфе быстро разлетелись по всей планете. За несколько часов Юрий Гагарин становится самым известным человеком на земле.

СССР
СССР 75717
75717
25
24
35
14 апреля
Юрий летит в Москву, на подлёте его сопровождает почётный эскорт истребителей.
Пилоты мне машут. Старые добрые МИГи!
24
Самолёт с Юрием на борту садится в Москве.
Огромные толпы людей, словно реки, текут по улицам!

Юрия встречают как героя. От самолёта протянута ярко-красная ковровая дорожка.
Новая шинель великовата...
Не сбилась ли фуражка?
Чёрт! Шнурок развязался!
Так, главное не споткнуться!
Отдать честь!
И почему эта дорожка такая длинная?
Юрий Гагарин и Никита Хрущёв приветствуют ликующих москвичей на Красной площади.
Через несколько дней Юрий вылетает с первым зарубежным визитом. В общей сложности он посетит более 30 стран, и каждый раз его будут встречать восторженные толпы людей. Всего 108 минут на орбите превратили Гагарина в международную знаменитость.

12 января 1966
Королёв отмечает свой 59-й день рождения.
Когда все гости собираются уходить, он просит остаться Гагарина и Алексея Леонова.
Не уходите пока.
Он рассказывает им про свою жизнь, про арест, допрос и лагеря.
Мы знаем, что ты предатель. Облегчи себе участь – признайся!
Леонов и Гагарин подавлены и шокированы. Королёв раньше никогда не рассказывал о своём прошлом.
Но это неправда!
Лжёшь! Подписывай!
Я и не знал, что Боссу пришлось столько всего пережить!
Через два дня Королёв умирает от сердечной недостаточности во время рутинной операции. Врачи поражены количеством старых травм, которые они обнаружили при вскрытии.

После полёта Юрий демонстрирует природный дар к дипломатии и продолжает представлять свою страну за рубежом.
Однако необычайная популярность имела и отрицательные последствия. У Юрия начинаются проблемы в семье.
Особенно напряжёнными становятся отношения с женой.
Когда он возвращается к работе космонавтом, его ожидает целый ряд проблем...

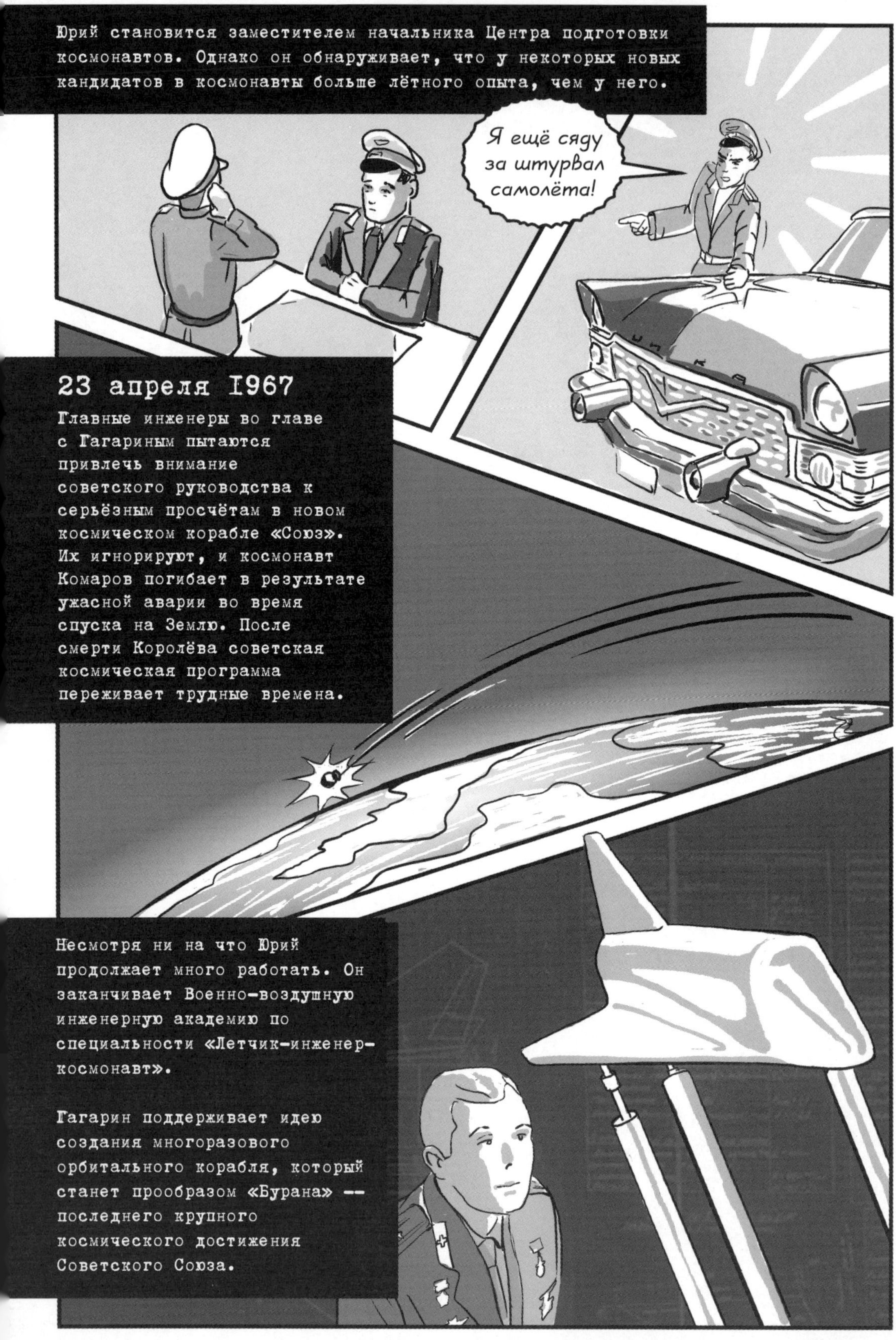
Юрий становится заместителем начальника Центра подготовки космонавтов. Однако он обнаруживает, что у некоторых новых кандидатов в космонавты больше лётного опыта, чем у него.
Я ещё сяду за штурвал самолёта!
23 апреля 1967
Главные инженеры во главе с Гагариным пытаются привлечь внимание советского руководства к серьёзным просчётам в новом космическом корабле «Союз». Их игнорируют, и космонавт Комаров погибает в результате ужасной аварии во время спуска на Землю. После смерти Королёва советская космическая программа переживает трудные времена.
Несмотря ни на что Юрий продолжает много работать. Он заканчивает Военно-воздушную инженерную академию по специальности «Летчик-инженер-космонавт».
Гагарин поддерживает идею создания многоразового орбитального корабля, который станет прообразом «Бурана» — последнего крупного космического достижения Советского Союза.

107
27 марта 1968
В рамках лётной практики Юрию предстоит совершить контрольный полёт с лётчиком-инструктором Владимиром Серёгиным.
Вскоре после взлёта погодные условия резко ухудшаются.
10:30
Наземные службы теряют радиосвязь с самолётом.
10:31
Сейсмометры в Москве регистрируют удар о землю, соответствующий падению самолёта. Это был последний полёт Юрия Гагарина.

Преждевременная смерть Юрия стала большим потрясением для всех.

Он ушёл, но имя его будет жить вечно. Он один из величайших героев России.

На самом деле он герой всего человечества.

Никто не поставит под сомнение тот факт, что он был первым человеком в космосе. Это великое достижение СССР подстегнёт космическую гонку, и позже Америка отправит человека на Луну.

Гагарин открыл нам дорогу в космос.

Сейчас Россия и Америка, а также Канада, Япония, Бразилия и одиннадцать стран Евросоюза продолжают совместное исследование космоса.

Создана Международная космическая станция – наш первый перевалочный пункт по

«дороге к звёздам».

«Облетев Землю в корабле-спутнике,
я увидел, как прекрасна наша планета.

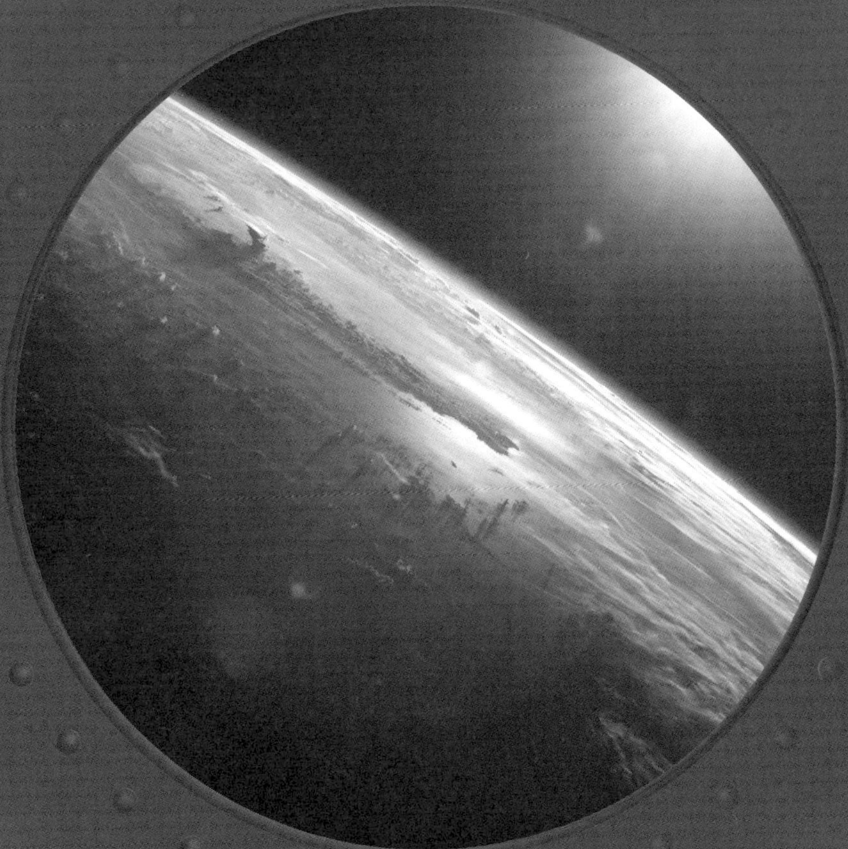

Люди, будем хранить и приумножать
эту красоту, а не разрушать её!»

Юрий Гагарин, 1961

«Семёрка» тогда и сейчас

Нижние ступени (или блоки) ракеты Р-7 были разработаны в конце 1950-х Сергеем Королёвым; четырёхкамерные двигатели для них сконструированы Валентином Глушко. Эта связка до сих пор используется в современных ракетах. Сверху устанавливается ступень с трёхместным кораблём «Союз». Королёв проектировал ракетный комплекс «Союз» как корабль для полёта на Луну. И хотя этого так и не произошло, модернизированная версия «Союза» является важнейшим звеном в транспортной системе по доставке грузов на МКС. Беспилотный вариант корабля «Прогресс» доставляет грузы на орбиту полностью в автоматическом режиме.

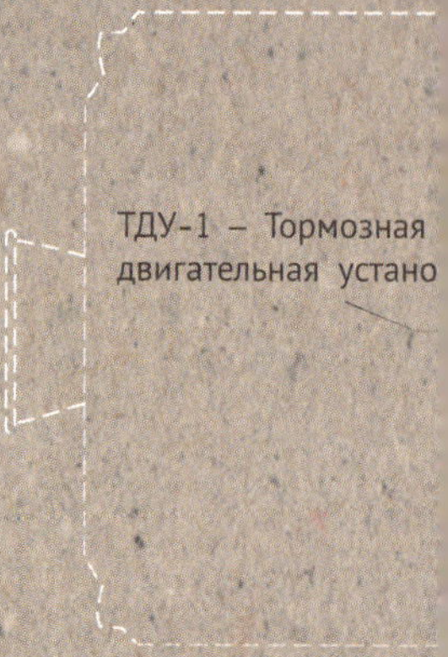

В 2011 году, когда мы празднуем 50-летие исторического полёта Юрия Гагарина, НАСА прекращает полёты своих шаттлов. Ракеты, разработанные Королёвым, по крайней мере на данный момент остаются единственной возможностью попасть в космос.

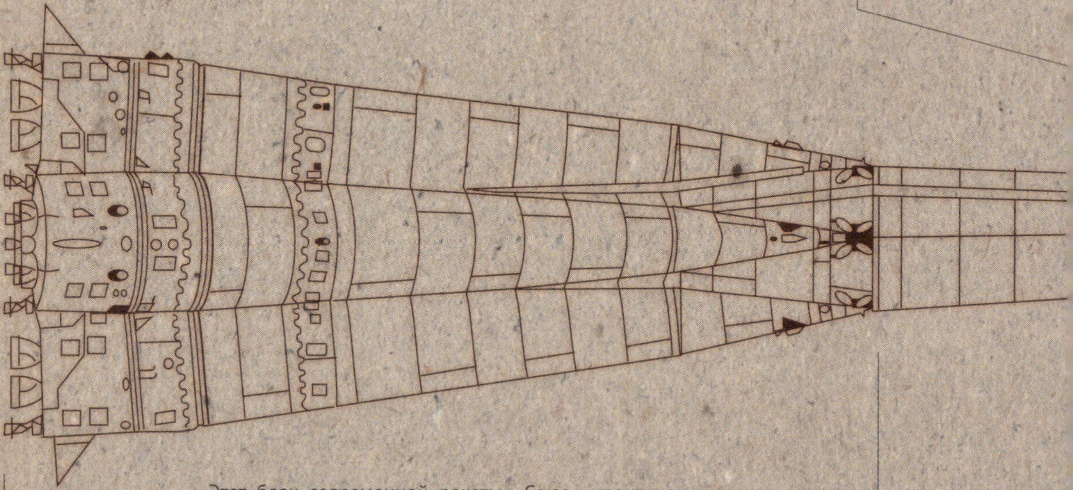

Этот блок современной ракеты «Союз» идентичен блоку баллистической ракеты Р-7, которая вывела на орбиту первый спутник и корабль «Восток».

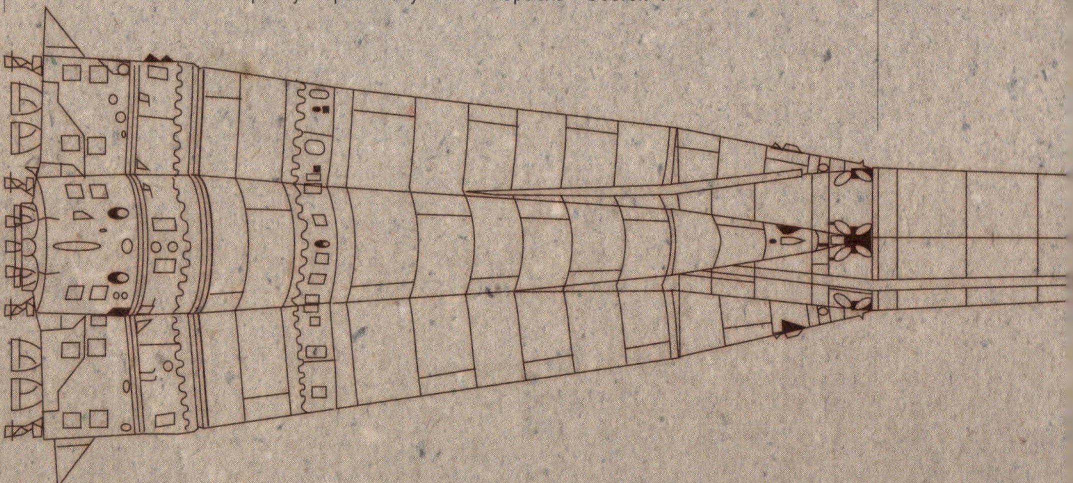